問題是，我大概會活很久

百歲傳奇女總編暢談活著不道歉，走時盡興如願

Diana Athill

Somewhere Towards the End: A Memoir

作者｜黛安娜・阿西爾
譯者｜謝靜雯

獻給莎麗、亨利、潔西艾美和波雄

剝除你的皮囊
舞動你的骨骸
並沒有錯。

——美國作曲人艾德格・萊斯利

目次

9 第一章 我已經進入老化過程好一段時間，而且才因為巴哥犬和樹蕨的事情被戳到痛處，我對自己說：「何不嘗試寫看看？」所以我打算這麼做。

21 第二章 六十到六十九歲那些年間，我覺得自己還離中年不遠，也許不算安全在岸上，但正在沿岸的水域裡穿梭。我的七十歲生日並未改變這點，因為我幾乎不怎麼理會，可是我的七十一歲確實改變了這種狀況。

39 第三章 在我身為有性慾及性吸引力存在的生命裡，最後一個男人是山姆。

53 第四章 我比多數人更早窺見自己，因為我沒了婚姻也沒生孩子，但直到性愛消失之後，我才得以用足夠清晰的眼光來看。

71 第五章 跟長輩共同生活，暫停自己的人生是必要的。

93 第六章 我擔心的是拖著衰敗的身軀活下去，因為經驗讓我得知，那種磨難若沒有原本可能會有的那麼艱難，通常是因為有女兒在。而我沒有女兒。

101 第七章 當你年老的時候，一個親愛的孩子湊巧看著你，彷彿認為你充滿智慧又仁慈（即使是誤會！）：這是多麼大的福分！

113 第八章 無法將任何與嫻熟技藝無關的事物視為藝術——我確定，抱持這種想法的，絕不只有老年人。

121 第九章 將雙手探進土裡，展開根部，讓植物舒服——這種活動令人全神貫注，就像繪畫或寫作，你會跟自己在做的事合為一體，還能從自我意識得到美妙釋放。

129 第十章 「等我八十二歲，一定要開始考慮放棄開車。」我在七十出頭之所以立下這個心願，是因為有個地方警察登門拜訪我母親。

141 第十一章 我有時自問，到底是什麼，讓我——以及無數其他年老配偶或類似配偶的人（我確定有），持之以恆地執行照護工作？

159 第十二章 我之所以如此仰賴閱讀，是因為我從沒養成看電視的習慣。我連電視都沒買過。

179 第十三章 我逃遁其中的活動，大多是平凡小事，之所以變得更有價值，是因為我老了——心知自己再享受也沒多少時間，於是越來越密集地投入其中。不過，老年最棒的部分就沒那麼平凡了，之前如此，現在依然，而這完全跟幸運地發現自己能寫作有關。

198 第十四章 當我自問：「沒有自己的孩子或孫子，你真心不懊悔嗎？」我得到的答案是：「是，真的。」

209 第十五章 人到了老年時，主要關注的一定是如何讓自己以最少的不適和最不麻煩別人的方式度過時光，對邪惡擁有痛苦的敏感度只會是負擔。

215 第十六章 我想說的是：「不要緊，不知道也別介意。」雖然可能很愚蠢，但我不得不坦誠，我依然希望，我必須說這句話的時機不會很快到來。

223 附　言 我想得沒錯，我沒機會看到它長成一棵樹，但我低估了看到小蕨的樂趣。

第一章

我的臥房俯瞰公園。公園附近搬來了一戶人家，他們養了一群狗，共有五六隻，小狗各個精力充沛。巴哥犬往往會過重，但牠們沒一隻超重。我近來看到牠們在晨間出外散步，心裡不禁一揪。我一直很想養巴哥犬，現在卻無能為力；買隻小狗以後，自己的年紀卻大到無力帶牠出門散步，這樣是不公平的。當然可以請別人幫忙遛狗，可是擁有一隻狗最棒的部分就是陪牠散步，享受小狗察覺即將外出走走時的歡喜，牽繩解開時小狗蹦蹦跳跳越過草地的雀躍，小狗偶爾開心回頭看看你、確保你沒走遠。我們家的狗以狗的歲數來說，跟我的人類年齡不相上下（我八十九歲），頂多只想在我能力範圍內小小蹓躂一下，不過我喜歡看別人的寵物忙著找樂子的模樣。

我成長期間一路有狗相伴，我想不通為什麼會有人討厭狗。牠們已經被馴養這麼長的時間，對牠們來說，跟人類同居就像叢林對老虎來說一樣自然。牠們成了唯一我們真正能夠穿透情感的動物：牠們擁有跟人類相似的情感，除了生性單純這一點。狗焦慮、生氣、飢餓、困惑、快樂、深情，以最純粹的型態展現我們人類所知的狀態，雖然這些狀態因為人性的複雜積聚，在我們身上有所扭曲。狗和人類在深沉單純的層次上，認出了彼此。我很想跟一隻黑色絲絨臉龐的小小巴哥犬一起重溫那個歷程——可是沒辦法！我就是辦不到。

另一件我做不來的事在今天早上浮顯出來。之前在湯姆森&摩根植物目錄裡，看到一株要價十八英鎊的樹蕨的照片，對這麼有異國風情的東西來說，價格頗為合理。幾年前，我在多米尼克的森林裡愛上了樹蕨，打從那時開始，我得知它們或它們的表親可以在英國花園裡存活，於是我近日打電話訂了目錄上的一株，今天送來了。我當然知道我不會收到照片裡展示的成樹，但我預期會是相當大的包裹，可能會透過限時專送寄達，沒想到是以普通郵件寄來，是個長度不到三十公分的箱子，裡頭放了個大約八公分的盆子，四片脆弱的小葉從盆裡探出來。樹蕨長得快或慢，我並不清楚，但即使長得快，我也不可能有機會親眼看到在我想像中，它往後會在我們家花園裡扮演的角色。我會朝那個目標盡我所能替它換盆，希望能看到它長到一個可以脫盆種在地上的大小，雖然為了未來栽種植物似乎是種美德，但感覺不很值得。讓我想到珍．瑞絲[1]常用的表達，通常是關於酒醉：「我有點醉，唔，是非常。」關於年老，

1 珍．瑞絲（Jean Rhys, 1890—1979），二十世紀重要的女性作家，最知名的作品是《夢迴藻海》（*Wide Sargasso Sea*），改寫自夏綠蒂．勃朗特的《簡愛》，以後殖民觀點出發，徹底翻轉《簡愛》中的帝國主義。編注

她從沒說過：「我有點難過，唔，是非常。」不過如果她沒那麼痛恨跟害怕年老，以至於隻字不提，她肯定也會這麼說。

珍是我的借鏡之一，她示範了如何不去思考變老。變老的前景讓她滿腹怨恨和絕望。有時候，她不服地宣布她打算把那頭漂亮銀髮染成亮紅色，但她從來不曾真正去做；我想，不是因為經過理性思考之後，她發現會讓自己看起來很醜怪，而是因為她缺乏精力可以安排這件事。有時候（但鮮少）喝酒讓她好過一些，但更常讓她變得愛發牢騷、情緒暴躁。她預期老年會讓她悲慘無助，確實如此，雖然一旦沉浸其中，為了表達自己有多悲慘，她抱怨的往往是次要的事，而大事她反倒無法深思——雖然她曾經說過，幫忙遏制恐慌的，是她的自殺裝備。她仰賴安眠藥多年，在床頭桌的抽屜裡囤了不少，準備用在事態一發不可收拾的時候。事態確實變得很糟，但在她離世之後，我查看了那個抽屜，裡面囤積的安眠藥完好如初。

我的第二個借鏡對象是保加利亞出生的諾貝爾得獎作家伊利亞斯・卡內提（Elias Canetti），他面對死亡的桀驁不馴比珍的沮喪更愚蠢。針對無法解釋的事所建構起來的思想體系，並不合許多英國知識分子的胃口，但他卻抱持一份中歐人的敬意，使得他過度看重自己的理念，以至於出版了兩冊的格言。我不曾當面見過他，但我知道那些書，因為是我工作的安德烈多伊奇有限公司[2]出版的。他逃離納粹德國之後以難民身分長年住在這裡，對英國人有強烈反感，我想是因為他們並未認可他的才分（當時還沒獲頒諾貝爾獎），他下定決心絕不在這個國家出版作品。不過，湯姆・羅森塔（Tom Rosenthal）在後期接手我們公司，卡內提想起湯姆曾經給過的人情，終於同意把書交給我們出版，前提是我們從兩冊

2 安德烈多伊奇有限公司（André Deutsch Limited），英國出版社，一九五二年創立，曾出版許多偉大作家的作品，包括傑克・凱魯亞克、珍・瑞絲、西蒙・波娃、索因卡、V・S・奈波爾、菲利普・羅斯、約翰・厄普代克、瑪格麗特・愛特伍等等。編注

格言開始，而且完全要依照他批准的美國版本，到最後一個逗點都要一模一樣，包括銷售文案。這點讓他的英國編輯（我）除了讀那些書之外無事可做，但這也足以激怒我。那些格言有不少都簡潔有力，有少數頗為機智，但整體而言非常自以為是！壓垮駱駝的最後一根稻草就是，他的想法變得荒唐起來，宣稱他「拒絕死亡」，有如他在其中好幾則裡說的那樣。

後來，我認識了他的一個前任戀人，奧地利裔畫家瑪麗－路易絲．莫特西斯基（Marie-Louise Motesiczky），儘管她患有嚴重的帶狀疱疹而飽受身體疼痛，加上大可以擊垮她的人生經歷，她依然優雅地邁入八十歲的生活。她值得更多的矚目。

我無意間認識了她。我有個朋友馬莉．亨頓正在漢普斯特找套房，跟我說她在一位不同凡響的老婦的房子裡找到一間很棒的房間。那個房間好雖好，卻不大符合馬莉的需求，但那個婦人讓馬莉印象如此深刻，邀請她喝午茶之外，也希望我見見她。她到底有多神奇呢？等我跟她碰了面就可以見識一下，總之馬莉認為她以前是卡內提的情婦：她的架子上放滿他的藏書，而那個房間原本是他的。我確實跟她們一起喝了午茶，也被瑪麗－路易絲打動了。她風趣溫暖、迷人放肆。她一知道我替卡內提出過書，就表現出興奮的樣子，不顧我從未當面見過他，立刻滔滔說起他們曾經是朋友跟戀人，超過二十年時間，最後她才得知他有個妻子和女兒；她知道這聽起來很不可能，可是當時她負責照顧母親，過著與世隔絕的生活。母親跟她在希特勒侵略奧地利之前（他們來自富有顯赫的猶太家族），就一起從維也納移居英國。她的與世隔絕似乎讓她對卡內提交往過的許多女性一無所知：她從來沒對我說過任何事情暗示她知道她們的存在，只是他已婚的事實一揭露，兩人的韻事便突然且痛苦地終結了。她跟我傾訴越多，我就越覺得卡內提和她近來才以高壽過世的母親，消耗了她的人生，留下一片空虛……只是瑪麗－路易絲並未散發空虛的感覺。

馬莉跟我說，她認為瑪麗－路易絲會畫畫，但不久之後我走訪瑪麗－路易絲位於漢普斯特的大宅時，裡面雖放滿了有意思的藝品和畫作，我卻看不出有什麼像是出自她的手。不過，她確實隨口提起了自己的作品，所以我問能不能看其中一些。我緊張地詢問——非常緊張，因為最尷尬的事莫過於有人拿可怕的畫作給你看。她帶著我——不祥之兆——進入她的臥房，天花板高挑的大房間，整面牆是內嵌的巨型櫥櫃。她打開櫥櫃，裡面的架子塞滿了畫作，她抽出兩幅。我大為驚豔。

這個甜美風趣又脆弱的老婦是實至名歸的畫家，貨真價實，可比馬克思．貝克曼（Max Beckmann）和柯克西卡（Kokoschka）。很難判斷到底要做出什麼反應，因為我總不能說：「噢老天，你真的會畫畫！」如果把她的畫家身分當成天經地義的事，就會覺得評論她的作品相當不敬。我不記得自己當時說了什麼，可是我肯定表現得還算得體，因為後來她總是很樂意談論她的作品，對於這點我心懷感激。跟她聊起繪畫相當暢快，這也難怪她不會散發出空虛的氣味。她這面借鏡代表有人生來就有幸擁有創造力，不管遭逢什麼樣的困境。

不過，有件事令人擔心，那些畫作收在臥房櫥櫃裡暗自凋萎，是怎麼回事？結果我發現她有兩三幅作品屬於歐洲公開收藏，不久前才在歌德學院舉辦過一場展覽，不過這種處境很荒謬，看了總會忍不住推論主因就是卡內提和她母親。兩人都是食人族，卡內提是因為自以為是，她母親則是因為依賴成性。（她曾經告訴我，當她跟母親說她打算出門二十分鐘去買點生活必備品時，她母親哀嚎著說：「可是要是我在你回來以前就死了怎麼辦？」）不過，她在英國生活的這些年間，跟她創作有關的德國表現主義繪畫沒受到什麼好評，也可能是讓她遠離藝術圈的原因。

不過我是白操心了。雖然瑪麗－路易絲被人生兩位摯愛占盡便宜，她操弄其他人的技巧嫻熟。她一認識人，就會開始羞怯地請求他們協助。能不能介紹好的牙醫，或水電工，或裁縫師？能不能幫她處理這次的退稅？她總是暗示你是她唯一的希望。一直要過一陣子之後，我才領悟到漢普斯特有大半的人口都無微不至照顧著她，所以其實沒必要替她擔心。等我認識她的時候，她一個叫彼得．布雷克的年輕友人正準備說服知名的維也納藝廊美景宮，力勸他們一定要舉辦一場她應得的大型展覽。她不喜歡他們提供的展覽目錄內容時，我可以幫她寫圓滑的信，這點讓我贏得前往開幕展覽的邀請函。（令我更滿意的是，我成功說服肖像藝廊撤回決議。國家肖像藝廊原本拒絕她所繪製的卡內提肖像，態度冰冷地對她說，他們對不知名人士的肖像沒興趣。雖然我不應該說——在不讓他們看出我很清楚他們並不知道卡內提是誰的狀況下，巧妙透露卡內提的身分；那封信簡直是傑作。真希望當初留了副本。那幅肖像現在已經是那邊的藏品了。）

維也納的那場展覽真是一場美妙的盛會。看到那些畫作掛在它們應該所在的地方，有如看到曾經困居在動物園籠子裡的動物，被放回了牠們的自然棲居地。我確定瑪麗－路易絲並不希望對祖國為她做的任何事表現出歡喜（它謀殺了她深愛的兄弟，他當時留下來協助猶太同胞們），不過雖然她頑強地試圖對細節表達不滿，但掩不住對整體狀況的喜悅。

我們在她過世前的最後幾次會面之一，我問她卡內提宣稱不接受死亡是真心的嗎？噢是的，她說。她也坦誠自己曾經有一段時間如此臣服於卡內提人格的威力，自我催眠說：「也許他當真辦得到——也許他會成為頭一個長生不死的人類。」她邊說邊自嘲，但微微顫抖著。我想她還是覺得卡內提的態度很有英雄氣概。

對我來說就是傻氣。生命顯然就是按照物種而非個人在運作。個人就是必須出生，然後發展到可以生育的階段，最後落入死亡，騰出空間給後繼者。不管人類怎麼幻想，都別無例外。不過，我們想方設法延長自己的凋萎，時間往往超過我們的發展期，所以在這段時間裡發生什麼狀況以及如何應對，在在值得深思。關於青春，有人撰寫了一本接一本的書，甚至有更多書圍繞著繁複棘手的生育經驗，可是關於凋萎的紀錄並不多。我已經進入老化過程好一段時間，而且才因為巴哥犬和樹蕨的事情被戳到痛處，我對自己說：「何不嘗試寫看看？」所以我打算這麼做。

第二章

六十到六十九歲那些年間，我覺得自己還離中年不遠，也許不算安全在岸上，但正在沿岸的水域裡穿梭。我的七十歲生日並未改變這點，因為我幾乎不怎麼理會，可是我的七十一歲確實改變了這種狀況。「超過七十歲」就是老了；突然間，我終於在這個事實上擱淺了，看出該好好衡量現狀的時候到了。

我活得夠久，目睹了就女性來說年老的重大轉變——對男人來說比較次要，但他們需要的也更少。在我祖母的年代，超過七十歲的女性會做幾乎算得上是制服的裝扮。如果是寡婦，就會穿上漠視時尚的黑色或灰色衣物，即使丈夫尚在，她的服裝也會有點灰暗、缺乏造型，擺明了此人不再試圖展現魅力。我父親那邊的祖母（兩人當中較年長的）守寡之後，直到臨終都一直穿著長及地板的服裝，頭戴黑絲絨和蕾絲製成的繁複小配件，就像維多利亞成熟女士戴的那種「扁帽」。（從我老年頭髮的稀少程度看來——這點遺傳自她那邊的家族，她大有理由遵循這個特定的時尚。）連我的一位阿姨，就是我母親的大姊，在丈夫於一九三〇年代過世之後，也向來只穿黑色或灰色的衣物，刻意選擇造型不摩登的服裝。一九二〇年代裙子長度突然縮短，進而影響了這種「制服」的保存，因為不管什麼年紀，都沒人想要做出醜怪的裝扮，而蒼老的雙腿和身體穿上「前衛」時裝看起來就是醜怪，所以在我青春期時，年長的婦女依然透過外表，宣告她們已經成了不同種類的人。不過，二次世界大戰之後，大戰加諸於大眾的緊縮簡樸引發的反抗，反倒帶來了更大的彈性。有一段時間，《Vogue》時尚雜誌連載一個稱為「艾斯特太太」（Mrs

Exeter）的專題，說服年長女性可以做時髦的打扮，而這個示範很快就變得很多餘，因為婦女很高興能夠選擇符合自己身材和膚色的衣物，而不是遵從習俗。今日，老婦如果打扮成青少年，當然很愚蠢，可是我在選擇上的自由度是我祖母們夢想不到的。有一陣子，我走有點古怪的裝扮風格，前往當地的莫理森超市購物時，我忖度著會不會看到有人對我挑眉。最後我得到的結論是，我可能得換上比基尼，才會有人眨個眼。

化妝品比衣服功效更高，可以讓人看起來少些歲數，感覺起來也沒那麼老。直到近來，它們都可能引發危險，因為一向用很多化妝品的女性往往會持續這麼做，無視化妝品對缺乏彈性、又薄又皺的肌膚會帶來不幸的影響。我有個親愛的老朋友永遠不明白，為了參加派對打扮時，如果抹上大量的猩紅色口紅，很快就會沾到牙齒，並且滲進嘴唇周圍的小紋路，讓她看起來就像吸血蝙蝠晚餐吃到一半被打斷一樣。幸運的是，如今化妝品品質好多了，呈現的效果也比較細膩；顯眼的妝容會讓一張老臉看起來很荒唐，但如果改用現今的化妝品，看起來會有所改善又自然。母親將良好的膚質遺傳給我，我依然會因此得到讚美，可是現在我知道至少有一半的「好」來自蜜絲佛陀（Max Factor）。對年長女性來說，外表相當重要，不是因為我們認為可以打動別人，而是因為我們攬鏡自照時會看到的自己。其他人不大可能會注意到一張老臉上的鼻子發紅、油亮，或是臉頰上可以看到破裂的微血管，但那張臉的主人肯定會看到，而且當這種令人憂鬱的景象得到補救時，同樣會覺得精神一振。即使他人怎麼看自己不全然等於這個人的真實狀態，不過會有頗大的影響。我確知的是，我覺得自己的外表比祖母們老年時看來更年輕，舉止也是。

不過，縱使如此，邁入七十幾歲時，最明顯的事情就是生命中曾經最重要的事情消失了：我看起來可能沒那麼老，自己也不覺得有那麼老，但我已經不再是個有性別的存在，這種狀態歷經好幾個階段，而且不總是愉快的，但是對我的存在來說一直很核心。

這種狀態在我四、五歲的時候開始，當時我宣布要跟約翰・薛伯克結婚，對旁觀者來說肯定很滑稽，但對我來說感覺相當是正經事。他是個小男孩，住的地方跟我們家隔幾棟房子，就在伍爾威治廣場（我父親是皇家砲兵團的軍官，當時在軍事學院擔任講師，而約翰的父親也是兵團的鎗手）旁邊那條街上。我完全不記得約翰的模樣，只記得名字跟他曾經是我的結婚對象。他的後繼者在我的記憶裡更鮮明，因為他有一雙美麗悲傷的棕色眼睛，還有因為年齡差距頗大而產生的魅力——他叫丹尼斯，是哈爾農場園丁的兒子，我們在我外公外婆的庇蔭下去住那邊。我懷疑我沒跟丹尼斯講過話，但我曾經壯起膽子，從廁所窗戶對著他的腦袋瓜吐口水，當時他正在後門那裡操作幫浦。在他之後的暗戀對象，我則實際互動過——事實上我跟我兄弟還有他們一起度過很多時光：傑克和威菲德，是農場牧牛長的兒子，我對他們的記憶比對丹尼斯清晰，因為我花了好多時間試圖決定我最喜歡當中的哪一個。

那兩個是我浪漫時期的頭一批受惠者，在那個時期，愛情以白日夢的形式出現。我激情的對象會被安排在極端危險的處境裡，也許他家失了火，或是他本人被洪水沖走，而我會出手營救。這場白日夢的高潮會是，當他恢復意識時，一睜開雙眼就會發現我伏在他上方，而我那頭如雲的黑髮會像斗篷一樣包覆他（我當時是個瘦巴巴的孩子，頂著鼠灰色的鮑伯頭，但我自信滿滿地期待這點會隨時間好轉）。傑克和威菲德一直延續到我九歲，然後被我趕出了心頭，當時我為了現實的原因選中了第一位戀人：大衛，他比我們其他人都善良、勇敢、明理，也是個熟悉的朋友和同伴。他也很可能陷入需要被拯救的情境，雖然我有點心虛，因為要是被他知道了，他肯定會覺得這種想法愚不可及。他跟他媽媽說我這個人心地不錯，這點在當時令人亢奮，雖說隨著我邁入十幾歲，這種情愫開始令人乏味。

接著，到了十五歲，我以成人的身分墜入愛河。對象是保羅（我在《而不是一封信》裡這樣叫他，所以他在這裡可以保留這個稱呼），他來牛津度假的其中一次，為了賺點外快，來輔導我兄弟準備一場考試。他貨真價實，驅走了我的白日夢，但他並未驅走浪漫。我因此墜入愛河，誤以為愛情等於婚姻，等我跟我所愛的男人結婚，餘生必定永遠忠於他。美麗白色婚禮的白日夢有時確實會掠過心頭，但是等我年紀大到足以招來保羅的注意力、我們訂了婚之後，要將我的浪漫情懷編織下去並不容易——部分是因為大家老是對我叨念說我們到時會有多窮，而且我必須學習怎麼當個稱職的家庭主婦。保羅加入皇家空軍，當時只是飛行軍官，年薪僅有四百英鎊，他和我都覺得足以過上不錯的生活，不管「他們」怎麼說，但是那些警告多少還是令人清醒；不過效力不如我們宣布訂婚後半年左右發生的事。

我們跟保羅的姊妹去參加一場派對，隨行的還有保羅一群形跡可疑的朋友——我不知道那些人是保羅打哪找來的，一開始就把我弄得心神不寧，因為他們比我認識過的任何人都喝得還凶，言談也更粗蠻。其中一人帶了個性感無比的女生過來，她一看到保羅，就對他發動猛烈攻勢，而讓我驚慌失措的是，保羅竟然隨之起舞。過了極度令人不自在的一兩個小時之後，他將送我回家的任務丟給他尷尬不已的姊妹。那天晚上他最後肯定跟那個女生上了床。接下來的兩個星期，我完全沒有他的音訊，我受到太大打擊，無法寫信或打電話給他。當他通知我，他準備從格蘭瑟姆搭飛機過來牛津跟我一起過週末（他常常這樣），我感覺更焦慮，而不是如釋重負。星期六晚上，我們喝太多酒，他幾乎淚漣漣地崩潰道歉。說他表現得糟糕透頂，說他以自己為恥，連他自己都無法忍受，要我千萬、千萬要相信他們兩人之間的事情毫無意義，說那個女生只是個乏味至極的傢伙（說溜嘴了吧！那萬一她不是個無聊鬼呢？），說他以後絕對不會重蹈覆轍，因為我永遠會是他真正鍾愛的唯一女性，等等、等等的。這比之前的無聲無息好，但並不是好事。

隔天早上我們搭計程車到「我們」的老地方，一家位於艾普頓的酒館，但還沒抵達目的地就先下了車，因為最後的一．五公里路，我們想藉由散步驅走頭痛，雖然那是個冷颼颼、風勢強勁的冬日。保羅似乎相當放鬆，眺望泥濘小路兩側的田野想找鶇的蹤影。我沮喪地沉默不語，思索著他的道歉。那件事毫無意義：是，這點我可以接受。但是他宣稱這樣的事情永遠不會再發生：不，這點我無法相信。他當著我的面大剌剌地做這件事，對我的感受根本漠不關心，我不記得自己有當時那麼震驚過。我對自己的重要性抱持謙遜的看法——這是由我家細心培養而來，因為我的家庭向來認為虛榮是嚴重的罪，所以在這樣的情境裡，我往往會怪罪於自己不值得關心；我當時並未清楚意識這件事，不過我現在確定這個想法一直在我心頭揮之不去。我知道自己當時在想的是，保羅這種輕浮個性一定要處理。我記得當時想著，等我們結婚，我就必須學習做個機靈的人。「狀況會好上一陣子，」我心想，「只要我們像現在這樣子，他就會一直回到我身邊。但是等我年紀稍長——等我三十歲，」我的面孔掠過我的心頭，滿臉焦慮、皺紋，頂著灰髮——「到時就危險了，他肯定會移情別戀。」我能變得夠機靈嗎？我不得不。那一整天氣氛一直很陰鬱，但我片刻也沒想到，或許我並不想跟他結婚，況且不久之後，我們的關係恢復原本的愉快狀態。

所以我不認為在我成年的歲月裡有什麼時候沒意識到男人可能會在形式上對女人不忠，不過直到保羅終於突然拋棄我，我才明白，女人也可能在無愛的狀況下從性愛得到快樂。我走出保羅的陰影之後，再次陷入愛河，兩次，而且陷得很深，但是兩次感覺都很「致命」，是避無可避，反正我渴望愛情，但注定會帶來痛苦。頭一次的對象是個年紀比我大很多的已婚男人，我不會想像他會為了我離開他妻子。如果他這麼提議，我肯定會接受，但我太崇拜他，並不會這麼期待：我是他戰爭時期的短暫戀情，或是愚行（生命的精髓就是慾望，而最能強化慾望的，莫過於空氣裡的一絲死亡氣息——我記得他驚奇地竊竊私語：「我好不容易接受自己永遠不會再有這種感覺了。」），她是他完美無缺的稱職妻子，剛剛生下兩人的頭一胎，所以拋下她，就證明他是個殘酷且不負責任的人，而我確定他並不是。如果是的話，我也不會這麼愛他。

保羅之後的第二個戀人是單身漢，甚至是理想的結婚對象，可是他這種理想狀態讓他好到令人難以置信。他很喜歡我。有一度，他幾乎自認愛上了我，但他其實從來都沒有。我幾乎打從一開始就感應到一切終將以淚水收場，卻還是越陷越深。最後確實以淚水告終。相聚的最後一晚，兩人淚流滿面在威格莫爾街上來回踱步。他鼓起勇氣承認當前的情勢，省得我懷抱徒勞的希望，反倒讓我懷著受虐的縱情態度，甚至愛他更深（事實上，要鼓起這般勇氣確實不容易，值得感激，因為比起緩慢的勒殺，決定性的打擊會讓破碎之心修補起來快得多。相信我！這兩種情況我都體驗過）。

對我來說，那就是浪漫愛情的盡頭。接下來是一連串的韻事，有時極為短暫、有時延續一段時間，但每每令人愉悅（其中兩次令人愉悅非常），幾乎總是教人振奮（其中兩小段情大可不要），沒有一次深刻到足以讓我受傷，直到我四十四歲時認識了貝瑞．雷克（Barry Reckord）。

那些年間，如果有男人想跟我結婚（有三個），我的感覺就像美國喜劇演員格魯喬．馬克思（Groucho Marx）對於有俱樂部願意接納他，他的反應：輕蔑。我試著相信那是更理性的什麼，但並不是。有幾回的無痛韻事涉及別人的丈夫，但我不會有罪惡感，因為我最不想要或最不希望的就是破壞任何人的婚姻。如果有妻子發現了（就我所知從來沒有），那會是因為她丈夫太粗心，而不是我。

忠實不是我最欣賞的美德，也許因為這個詞被安德烈．多伊奇濫用過度，他常常憤慨地指責任何想退出我們出版名單的作家「不忠」。當然了，作家沒理由忠於任何認為自己能夠藉由出版他的作品來賺錢的公司。當一家公司表現優良，確實可以發展出感恩和感情，但並不會建立起忠誠的羈絆。存在這種羈絆的那些案例裡（比方說忠於家庭，或是忠於政黨），如果被自己效忠的對象背叛，這種忠誠就會變成愚行。如果發現你的兄弟是殺人兇手或你的政黨改變了政策，卻不分青紅皂白地支持他或它，在我看來就是盲目。沒來由的忠誠就只是讓封建體系的老闆受惠而發展出來的空洞理念。就我看來，涉及配偶的時候，關鍵字應該是善意和體貼，而不是忠誠，而且性愛上的不忠也不見得可以抹消它們。

我尊重信守承諾裡的忠實意涵，但令我厭煩的是，一般認為忠實跟性愛緊緊相繫。妻子應該對丈夫絕對忠誠，這個信念根深柢固、盤根錯節，不只基於男人需要確定自己是孩子的親生父親，還有更深層、更陰暗的感受——男人擁有女人，上帝為了男人的便利而創造女人。很難相信這個觀念會徹底根除：想想它在伊斯蘭國家的威力！女人焦慮地強烈呼籲丈夫要忠誠，來自同樣原始的源頭：她覺得這一點對於證明自己的價值是必要的。這點我很清楚，當保羅選擇跟別人結婚時，我痛苦得元氣大傷。但是理解不代表贊同。既然我們對彼此有著深入骨髓的基本需求，男人和女人為何必須把這個特定且靠不住的層面看得這麼重？

我現在想到以撒．辛格寫的一個故事《門上的窺視孔》，關於一個年輕男子在結婚前夕送心上人回家，忍不住透過窺視孔看她最後一眼——她在那裡，接受門房的深吻，顯然相當投入。婚約因此終止——雖然敘事者狡猾地提醒那個年輕男子，他自己同一天下午才跟女服務生上過床。這個故事繼續暗示，如果那次性愛的不忠一直沒曝光，兩人生活會變得多麼單純，可能還會更上一層樓：辛格那個睿智的老手反覆探討這個主題幾次，他典型的招數就是把道德審判的裁決交到讀者手裡。他跟宗教背景有深沉的連結，我無法確定他會不會同意我提出的判斷——但是說到底，他確實要讀者自行判斷。是的，有些事情，包括性愛不忠，只要不被知道，就不會帶來傷害——或是被知道也被接受。哪個比較適合，端賴個人和他們的處境。我只是必須自問，如果不得不選，我會選哪一個——是這種極端的信念：不忠的妻子會玷污整個家族的榮譽，除非殺了她；還是往往被歸因給法國人的態度：不管性愛不忠有多麼不妥，如果執行得當，還是可以接受。偉哉法蘭西！

我跟貝瑞都認同這種態度，至今依然，我心碎的傷疤好不容易弭平之後（透過「寫作走出來」，我之後會解釋），我終於在快樂無比又充滿愛的友誼裡安頓下來，這種巔峰狀態維持了約莫八年，直到開始受到影響，而影響並非來自情感上的橫生枝節，而是歲月。這並不是突發事件，但早期階段（發生在我五十五到五十九歲之間，後來有一段時間暫得喘息）讓我無法忽視它的重要性。我漸漸意識到，對於跟親愛的老同伴做愛，我的興致和身體的反應都逐漸縮減：熟悉度使得他的手給我的觸感，就像我用自己的手，再也無法傳遞刺激感。回顧當時，我想不通自己為何從來不找他談這件事，因為我當時並沒有。我只是開始假裝。也許是因為我覺得，即使兩人合力「處理」這個問題，我想婚姻諮商師會這麼提議，也不可能解決得了。乏味又荒唐：我就是這麼想像這樣的程序。如果過去總是順應自然運轉的事情現在失效了——唔，首先，你會希望藉由假裝可以恢復原狀，有時確實可行，但是連這樣也毫無效用的時候，你就必須接受，到此為止了。

接受這點令人悲傷。其實，我是被迫接受的，當時一個毫不留情、極為鮮嫩可口的二十五歲金髮妙齡女郎入侵了我們家，貝瑞跟她上了床。真切的憂傷讓我徹夜未眠，但只維持了一個晚上。我在那個痛苦的夜晚裡，悼念的並非失去我深情的老友（他當時還在，現在依然還在），而是悼念青春的逝去：「她所擁有的，可惡，我再也沒有了，而且永遠、永遠都不會再有。」這份遲來的認知讓我面臨了可怕的艱難局面。可是很快的，我的腦海裡開始響起另一個更合理的聲音。「欸，」它說：「你很清楚你在床上已經對他沒有慾望，已經好幾個月你都不覺得享受，所以你在哀怨什麼？你當然失去了青春，你必須往前走，別再渴望年輕人想要的。」那個階段就這麼結束了。

不久之後就是那段喘息時期，我別有興味地發現，新鮮感可以喚回性愛。我在《而不是一封信》中描述過，在初期、真切且延續多時的憂傷之後，我跟我稱為菲力克斯的男人的情事開始提振我的士氣，跟愛情無涉，但除此之外頗有樂趣。此時的我六十多歲，這種狀況再次重演，我身為一個有性慾及性吸引力的存在，這樣的生命又得以延長七年，而貝瑞走上了自己的路，我們的同伴關係變得更像是手足而不是戀人。第二個男人跟我的共同點很少，但在我的回憶裡掙得一個位置，感激之情讓回憶變得溫暖。在他之後不再有暫時喘息，我也不想要。

第三章

在我身為有性慾及性吸引力存在的生命裡，最後一個男人是山姆，他在加勒比海的格瑞那達出生。是他陪伴我跨越中年後段以及老年之間的邊界。他來英國是自願服役，還是說他抵達的時間正逢戰事爆發，我並不清楚。他加入了英國皇家空軍地面團擔任文書，後來在閒暇時間認識了帕德莫爾[3]和當時在英國奠定黑人人權的其他黑人耆老。他在這個時候累積了頗多廣播經驗，這點後來發揮了不少作用；

3 喬治．帕德莫爾（George Padmore, 1903—1959），千里達及托巴哥的記者、作家，泛非主義倡導者，曾任恩克魯瑪的非洲事務顧問。編注

他搬到迦納不久便引起恩克魯瑪[4]的矚目，將政府的公關部門交給他負責，所以他實質上成為政府的其中一員，雖然他從未任職部長。他一直是恩克魯瑪信任的公僕和朋友，直到政變讓恩克魯瑪的政權垮台，同時終結了山姆在非洲順風順水的日子。他在非洲以不收受賄賂的誠信作風出名，因而躲過了牢獄之災，但不得不在接獲臨時通知之後，不到四天就匆匆離開國境，除了衣物什麼都帶不走。我認識他的時候，他從那些一帆風順的時期留下來的只有一件黑貂衣領的美麗駝毛大衣，還有衣索比亞的末代皇帝海爾・塞拉西（Haile Selassie）送給他的好看手環。

他相當搶眼，非常高䠷、舉止得體，隨和但理智，但顯然通情達理、進退有據，毫無困難地幾乎立刻在英國政府裡跟種族關係有關的組織謀得一職。我們初識時，他正要在這份工作安頓下來，當時派對上有好幾個不同領域的非洲老手。我在安德烈多伊奇的工作伙伴於一九六〇年代期間在奈及利亞開設了一家出版公司，我們的名單上有好些非洲作家，所以剛獨立的新興國家以及種族關係是當時我存在其中的部分風景。

除此之外，我跟貝瑞交往的那段親密幸福的時光，當時已經持續了將近八年，比起白人男性，我跟黑人男性相處起來更為自在。貝瑞在牙買加的學校接受的是英國籍教師的教導，到了劍橋大學接觸的也是英國教授，以前他有時候總會說，在牙買加同鄉的眼中，他是「矮小結實的棕色皮膚英國人」，雖然他們當中有些人這麼想，但他的膚色又黑到足以受到白人男性的羞辱；而你與這樣的人產生共鳴時，必定會覺得自己更像他，而不是像侮辱他的那些人。

我同處一室的第一個黑人是個非洲大學生，是一九三六年我在牛津頭一個學期的一場派對上。當時大家正在跳舞，他沒邀我共舞，讓我大大鬆了口氣。我知道如果他開口，我會答應，而我當時完全不懂為什麼

4 克瓦米．恩克魯瑪（Kwame Nkrumah, 1909—1972），迦納政治家及革命家，在一九五七年帶領英屬黃金海岸獨立，是首任迦納總理及迦納總統。編注

這個可能性感覺那麼駭人。只是因為這樣會讓我父母大為震驚，所以連帶也讓我感到驚駭。可是一週之後，當有個朋友對我說「要是黑人男性碰我，我想我會想吐」，我心頭一震。我不記得自己在當中那些日子裡思考過這件事，但不知怎的，我已經跨出了小小的第一步，明白自己當時對與那男人共舞的反應是令人不齒的。

之後，我一定是漸漸對那件事有了足夠的思索，釐清想法，因為我幾年之後再接觸到黑人時，已經能以個體來看待他們。頭一次有黑人男性吻我，是搭計程車從一家酒吧前往下一家時，車程末尾在臉上小啄一下——我特別將這件事記在心上，因為感覺就跟被任何其他人親吻一樣，這以令人滿意的方式證明我沒錯：我依然因為自己沒有萌生種族歧視的感受而滿意。但是等到我認識貝瑞的時候，雖然我從未有機會跟黑人男性做愛，但見過不少黑人，也跟其中一些共事過，所以跟貝瑞在一場派對上一拍即合，不久之後跟他上床，也並不覺得有什麼特別值得注意的地方，只除了比上次類似的邂逅多了不少樂趣，因為這次我們對彼此深有好感。等我們慢慢定下來之後，我才開始預期比起白人男性，我更偏好黑人男性。當然，我永遠都可能在最後違反預期，討厭其中一方或喜歡另一方，不過從那時起我確實對黑人或非英國人懷有偏好。

所以當我和山姆初次認識時，他器宇不凡地突然現身，我相當高興：這個討喜性感的人認為我有吸引力，這點不只有趣，也令人重啟生機，就在我判定自己跟他人纏綿的日子已經結束之後。他搬進普特尼橋附近的公寓後不久，接下來七年，我大概每週一次會到那裡跟他共度一宵。

除了張羅一頓輕簡美味的晚餐跟上床，我們很少一起做任何事情，因為除了喜歡性愛之外，我們的共通點少之又少。山姆對於什麼合乎體統的想法相當老派，但我確定他從未將性愛跟罪惡聯想在一起。就跟《匹克威克外傳》、《劣歌謠》和幾本關於玫瑰十字會和基督科學教派的小冊一樣，《印度愛經》永遠纏在他的床被當中。我們兩人都有腳痛的問題，而這點幾乎跟喜歡性愛一樣重要，因為當你開始感覺到自己的年紀，跟狀況相同的人在一起會帶來撫慰。你們會在彼此身上看出來，卻又不需要特別提起。我們從未提到腳的問題，只是盡量在第一時間踢掉鞋子。

更認真來說，我們兩人真正重要的共同點就是，雙方都沒有意願談戀愛或是負責讓別人安心。我們甚至不需要時常見面。我們很清楚自己不會給對方添麻煩。

所以我們給了對方什麼？

我給了山姆適合他的性愛。最初但並非最持久的魅力來自我是白人且有良好教養。山姆對黑人女性沒有什麼意見（只除了他妻子，他認為妻子是他還沒成長到明白這是多大的錯誤時，母親加諸給他的負擔）；可是自從他早在一九三〇年代末來到英國，身邊所有重要的女性都是白人。打從他母親敦促他認真求學，他就一直在提昇自我，哎，當時出自同樣背景的大多黑人男性都認為，替自己找到白人女伴，是提升自我裡的一部分歷程。這個事實會讓年紀較長，以及（或）外表不特別亮麗的白人女性在黑人男性面前占有優勢，這種優勢是她們在白人男性面前時沒有的，這點顯然相當可悲，不過我忍不住心生感激。山姆不是有低俗本能的男性，他並不想炫耀自己的女人，但感覺自己的女人值得炫耀，暗地能給他某種滿足感。結果後來發現我跟他在肉體上一拍即合，而且我是個好同伴。所以作為階級象徵時，我令他滿意；他想要有人作伴時，我也是個令他愉悅的伴侶，能夠並願意按照他想要的方式配合無間。他顯然覺得自己無須繼續尋覓。

對於我，山姆主要的吸引力在於他想要我：在我早已不再期待被人熱切渴望的年紀，這樣的渴望讓我振作起來，並讓我再次重現生機——這可是不小的禮物。還有，我是個好奇的人。他的背景與人生的軌跡跟我的大相徑庭，即使他處於乏味的狀態，感覺起來也相當有趣。有他那種天性的中產階級英國男人會讓我覺得無趣，因為我一眼就能看透。我想深入認識的山姆，以及我真正認識到的本人，都討我喜歡。即使在我想罵「真是個老笨蛋！」時，我也喜歡他，而最深得我心的，就是我所感應到的，少年時期的他。

他有種平靜的自信和仁慈，是安穩快樂的童年所賜予的。鍾愛孩子的中產階級母親有時會傷害到孩子，可是在農家，鍾愛孩子的母親更可能提升孩子：她一定會傾盡所能讓孩子脫離這種艱辛的生活，即使在過程當中會失去他。山姆的父親擁有他們一家所居住的那塊地（那也形塑了他的自信，因為不管土地多小，能在自己擁有的地方成長就能穩定人心），可是那份地產小到不足以養活全家，他不得不前往千里達找工作，後來輾轉前往委內瑞拉。負責掌管家務的是母親，她毫不質疑地凡事以兒子為優先，而不是兩個女兒（貝瑞的母親做了同樣的事情，而她女兒從未原諒她）。

「我們當時並不知情，」山姆告訴我，「可是我們以前吃的食物就是現在每個人口中最健康的那種：魚肉、水果和蔬菜，我們從來不缺這些。」他們住在海邊，所以逃過了西印度群島過度依賴根莖類蔬菜的習性。「還有空氣跟運動。跑步八公里去上學，放學再跑八公里回家，當時不覺得有什麼——我們男生那時很迷長跑，不管到哪裡都用跑的。」他們當時也騎馬。大多人家裡都養了一匹馬（這點讓我訝異），如果有個男生急著想到哪裡去，他可以問都不問就跳上鄰居沒上鞍的馬。他們游泳的量跟跑步一樣大。當時他們常會從岸邊往外游三公里左右的距離，卻無人大驚小怪，如今回想起來他就覺得很驚奇。身為身材高䠷、長相俊俏，脾氣穩定的男孩，擅長當地的餘興活動，肚子裡塞滿健康食物，深情的母親還讓他泡藥草浴（這個祕密配方只有她本人知道），讓山姆在朋友之間站穩了領袖的地位。他回溯當年的歡樂時光時，似乎將那些同伴的身影帶進了眼前的房間——彷彿可以聞到帶有肉豆蔻香氣的陣陣海風，很討人喜歡。

他母親當然失去他了——那位妻子是她最大的失誤。他跟她生了兩個孩子，然後再也忍無可忍，遠走他鄉來到英國，而他母親再也不曾見過他。她死前一直在喊他的名字，人們寫信給他告知此事。他以肅穆但平和的態度談起這件事：這是為人母親的命運，他暗示，悲傷但無可避免。

他不認為自己遠走高飛就是個壞兒子、丈夫或父親。他一直保持聯繫、寄錢回去確保自己孩子受到教育；他做了適恰的處理。他兒子成了醫生，搬到美國，他們偶爾會碰面。他女兒則沒那麼寬容，他稱之為「傻姑娘」。而他妻子……他離開格瑞那達三十五年之後，在首相邀請之下頭一次返鄉，預計走訪三個星期。他事先沒讓妻子知道他要回來，但過了頭一週之後，他突然登門拜訪，依然毫無預警。「所以狀況如何？」

我問。他搖了搖頭，咂了咂舌，慢條斯理而不以為然地說：「那個女人好暴躁。」我大笑不止，惹他不快，不再說更多細節。也不是說他本來可以提供真正有趣的細節，因為他顯然對自己讓那個「傻」女兒跟「暴躁」妻子陷入的生活處境毫無概念：這種對自己方便的無知是大量西印度群島丈夫和「孩子的爸」的共通點——雖然很多被拋下的女性似乎都平靜地接受了。

我們的關係結束得很平和，兩人碰面時間的間隔越來越長。我們最後一次碰面跟上一次相隔特別久（久到我毫無懊悔地以為已經結束）。他的反應比平時來得遲緩，似乎分心且疲倦，可是並未生病。儘管我們早有共識這段關係已然告終，他還是問：「要不要上床？」但我可以看出當我拒絕的時候，他鬆了口氣。「我的問題是，」我說：「精神上樂意，但肉體無力。我的身體不願配合。」他並沒說「我也是」。他不想說到那麼絕，但他確實說：「我知道，身體會拒絕配合一些事情，你就是拿它沒辦法。」事隔不久，我再次聽到他的消息是他突然死於心臟病發。

如果你好幾個月沒見到某人或並沒有想見到某人，而他們只觸碰到你人生中一個相對微小的角落，你並不會悲痛地想念對方。可是山姆死後，在我腦海裡的鮮明程度勝過了我人生中更重要的許多逝者。我能以攝影般的清晰度看到他——至今依然。他的手勢和表情、行走坐臥的姿態、他的衣著。七年的他在我腦海裡輪番播放，有種新聞短片的即時感：我們講過的、做過的，也許是我們碰面的模式重複度如此之高，我忍不住將他的種種牢記於心。我尤其記得他的觸感。他皮膚相當光滑，而且似乎永遠涼爽乾燥，肌膚討喜健康，氣味清新宜人。做愛之後感覺他躺在我旁邊，兩人仰躺著、手勾手，胳膊和腿以友好的方式互貼。他的肉體存在感如此清晰，即使到現在也是，幾乎像是陰魂不散（親切友好的那種）。

山姆決定擁護的信仰是靈魂的轉生輪迴，因為他說要不然怎麼解釋某人過了美好的一生，而另一人的人生卻糟糕透頂——顯然他們只是得到前世的回報。我說這也太奇怪了，如果是這樣，表示很多黑人在前世肯定都作惡多端。他被觸怒了，拒絕討論這一點，因為我想對他個人而言，轉生輪迴是前景看好的。說到底，他一向好運到非比尋常：在此生末尾將靈魂稍加精煉，便能往上提升。他曾經對我解釋，那就是他年過六十之後放棄肉類和酒精的緣故。我真希望我能相信山姆對回到人間、重啟人生的盼望是正確的。雖然我懷疑，如果他可以再來一次，過的並不會是他心目中那樣精妙的人生，但肯定會比他離開的這個人生更有樂趣一些，那就比大多數人的人生都好過太多。同時，也許因為他在我邁入老年的開端，帶來屬於青春氣息的東西，因此他依然活在我的腦海裡，而我因此覺得開心。親愛的山姆。

第四章

性愛衰退有個重要的面向，就是其他事情變得更加有趣。比起年輕男性，性愛會抹消個體性的情況更常發生在年輕女性身上，因為性愛會取用到女性的層面遠比男性多得多。我曾試著相信這種差異大半來自制約，但我辦不到。制約會強化這種差異，但本質上重點在於生理機能。對男人而言，沒有什麼生理原因讓他不該從性行為結束後抽身離開，但女人進行的每個性行為都可能改變她下半輩子的生存模式。男人只是啟動了另一個人類的存在；女性則必須用自己的血肉之軀將這個人類打造出來，帶著它在體內，不管她喜不喜歡都會跟它產生羈絆，說她可以透過藥丸擺脫這種束縛是胡扯。她可以避免這種事情發生，但只能藉由激烈的化學介入，使得她身體的自然行為失調。擁有設計來懷孕生子的身體，意思就是，還必須經過很多世代，女人才能擺脫受體質所支配的精神模式並獲得自由，不管要她們吞個藥丸有多麼容易；但也可能她們永遠得不到這樣的精神自由。性格裡到底有多少比例是化學所決定，目前無法估計，但當中有些是不容置疑的。因為這些，女人在生理體能活動的巔峰時，常常隱身在這當中；她們當中有不少人活到中年才發現，除了這個身體角色之外，自己到底是什麼樣的人，而有些人永遠都找不到。我比多數人更早窺見自己，因為我沒了婚姻也沒生孩子，但直到性愛消失之後，我才得以用足夠清晰的眼光來看。我的無神論就是個例子：它變得堅定許多。

長久以來我一直知道，我並不相信神的存在，接近一九三〇年代末我在牛津念書時，這個態度明朗具體起來。在一場派對上，我認識了一個叫鄧肯的男性。當時已經是學期末，而且是鄧肯的最後一個學期，所以我們不可能成為朋友。那天他考完期末考，已經接獲殖民地事務部的錄取，幾個星期後即將前往賽浦路斯赴任。不過，我們互相吸引，一起離開派對，共進晚餐並在河上撐篙，隔天我們再次會面，整個下午都在他房裡度過。當時我正困在不忠的苦戀裡，覺得乾枯無助，因為保羅已經好幾個月都沒跟我聯絡。我習慣認定自己名花有主，於是跟鄧肯說我訂婚了，但我確信，如果我們當初繼續見面，我就會得到拯救：他是我在牛津所認識最討人喜歡也最聰明的男生。我們共度午後時光的隔天早上，他寄了鮮花來，附上短箋寫道：「我們會再見面的。」我們從此不曾相見。我收過他的兩封信，第二封寄自賽浦路斯，之後戰爭開打，我忘了他，只是記得他說的一件事，至今依然。

我們一定在晚餐的時候聊了自己的信仰，因為之後，我們在美妙的夏夜裡漫步在草地上，前往篙撐平底船停泊的地方。我說雖然我沒辦法相信自己被教導要相信的那個神，但我想，我不得不接受某種第一因。

鄧肯當時回答說：「為什麼？有開始和有結束之所以是我們思考的依據，會不會只是因為我們的心靈太過原始，無法設想其他東西？」

我當時回話了嗎？我只記得頭往後一仰，望向滿是星斗的天空，有種極端的、幾乎令人暈眩的興高采烈，彷彿我的雙眼頭一次看見了太空應被看見的模樣。我沒有試圖深入探究這個想法的意涵，但我接受它為真，且毫不遲疑。許久以來，那就是我對信仰的思索。

當我邁入老年時，讀到約翰・厄普代克分析（我不記得出處）自己宗教信仰的一段文字，我重溫了這件事，他當時說，或者該說寫道：「對我而言，對無神論的反感是因為它作為智性立場毫無趣味。說宇宙就是湊巧發生了，我們死了就是死了。當中的曖昧不明、獨創性以及人文性（以哈佛那種學術菁英訓練下的定義來看）都到哪裡去了？」這番話令我困惑不解。對於身為個體的個人，以及身為物種成員的個人來說，宇宙的本質都遠遠超乎理解——這樣的信念也許就智性來說毫無趣味，但對我來說，比起發揮任何創意在編造童話故事上，無神論在情感上或詩意上都更刺激且美麗得多。

約翰．厄普代克應該會同意，在我們能夠感知到的宇宙小小區域裡，我們的星球只不過是個小點，在這個星球裡，智人也只存在了一段極短小的時光，對於宇宙構成的百分之九十毫無所悉（我喜歡科學家將自己不懂的東西稱為「暗物質」）；但他們假設自己想出來的東西可以普遍適用於所有人身上（那些相信唯一真神的宗教人士確實似乎也認定，那位神具有普世性，而非局限於地球），這種想法可謂善待自己到了荒唐的地步，而他們，或其他任何聰慧的人怎麼能不同意這一點？信仰，就是決定表現得彷彿相信你毫無理由相信的東西，希望這個決定會帶來信念，然後就會讓你覺得好過一點——這就我看來是胡扯一通。我唯一確定的是，當人類思考起上帝、創造、永恆，對於超乎理解範圍的事物，人類的想法並不比麻雀的吱啾聲更說得通。而不管我們相信什麼，對宇宙的原貌毫無影響，而宇宙的原貌向來都是，往後也依然是我們賴以生存的環境，那為什麼我們在宇宙中有多渺小的想法應該要很無聊——或者很嚇人？

我聽過有人對人類登陸月球哀嘆不已，彷彿月球在被太空人的腳踏上以前是銀子或珍珠母製成的，而那個腳印卻把月球化成了灰色塵埃。但月亮從來不是銀子或珍珠母所製，且它依然持續閃耀，彷彿正是這樣製成的。不管我們對月亮的瞭解更少或更多，它依然是自己，而且持續反射太陽的光，以人類看來美麗的方式。在我們感知範圍內的那部分生命，或者生命本身，肯定都是充滿謎團且令人興奮的吧？為了將它的殘酷減至最低、讓它的美有最大的發揮空間而試圖找出秩序，這份迫切且實際的必要性本身肯定就足以令人信服，不必當成是某個神加諸我們身上的義務吧？

有信仰的人似乎常常會忘記，在他們想消滅信仰其他神祇或什麼都不信的人們時，賦予他們生命意義的神常常給他們提供藉口。我自己的信念是，在這顆生命短暫的星球上的我們屬於一個宇宙的某部分，宇宙在「它就是存在」的意義上是極為平凡無奇的，但同時，在「超乎我們理解」的意義上又神祕到難以估量——這份信念感覺上並不像什麼都不信，也永遠不會讓我想號召他人投入屠殺行動。感覺上更像是無限可能的狀態，很有啟發性且令人享受——算不上有安慰作用，但可以接受，因為是真實的。我的態度不變：當我強迫自己去思考那些我所能理解的事物中最令人驚恐的層面，也就是我們終將滅絕，而我們與恐龍不同的地方只在於，比起恐龍，對於促成自己的命運，我們扮演了更關鍵的角色；當我思索個人的滅絕時，我的態度依然。

我曾經有個最愛的睡眠景象，每當上床就寢感覺特別美好的時候都會用到。我先等個一兩分鐘，再捻熄檯燈，集中意識，以便徹底體會黑暗的擁抱，然後面朝下，攤展四肢，我的床鋪就成為船筏，載著我往外漂向夜之海。這會產生一種奢華的感受，這種感受會因為一絲幾乎難以察覺的風險而活躍起來，平添誘惑力。

任職於安德烈多伊奇的時候，有一次我們推出了一本關於床鋪的大開本精裝畫冊，序言是一篇怪異不妥的散文，由安東尼·伯吉斯[5]執筆。這本書應該在頌揚床鋪，但伯吉斯卻說他痛恨床鋪，因為他很怕上床就寢，必須在椅子或在地板上，讓睡眠不期然地捕捉他，才能智取他對睡眠的恐懼。他覺得躺在床上就像躺在停屍架上，要是他失去意識，可能再也無法起身。（我對這篇序言有所質疑，但安德烈認為沒人會費心細讀序言，重點是有那個男人的名字印在書上，而不是他說了什麼——這種出版人的想法是我強烈反對的，但不足以到堅持立場的地步。）我讀過許多比伯吉斯這個怪癖糟糕許多的經歷，但比起我讀過的那些磨難，他這個怪癖最讓我難以想像自己能感同身受。被迫放棄日常生活中最棒的樂趣之一，幸福的自然封印，憂傷或無聊的確切出口，睡夢這個謎團的馴化……會是多大的折磨啊！對死亡的恐懼真的如此殘暴地將這個可憐男人籠罩在陰影裡嗎？也許可以據此正確地推斷出結論：我從來沒有被死亡困擾到想要去想像來生。

要如何解釋無宗教信仰？缺乏想像力？還是出於勇氣？來自基因天生的性情模式？前兩項，在有信仰和沒信仰的人身上都會發生，第三項則必須往前回溯幾個世代。智力有限的宗教人士常常認為，答案在於放縱，在於淘氣地拒絕接受克制；可是對於跟別人同享這個世界時所該接受的限制和義務，許多不信者的態度就跟任何信仰人士一樣嚴格認真。對於不信者來說，答案似乎很簡單，雖然說出來還滿難為情的：他比他有宗教信仰的兄弟更聰明。可是他有宗教信仰的兄弟以同樣清晰的眼光看出，自己比無宗教信仰的兄弟更聰明——而中立的仲裁在哪裡？我想

5 安東尼．伯吉斯（Anthony Burgess, 1917—1993），英國小說家，評論家及作曲家。最知名的作品為小說《發條橘子》，由史丹利．庫柏利克改編為同名電影。編注

我們不得不接受，就這方面來說，世間本來就有兩種類型的人。

我這類型的人享有不公平的優勢。在西方世界裡，現今有宗教本能的人跟沒有的人可能同樣多，可是全都生活在社會裡，而社會是根據那些信仰者畫下的界線所發展出來的：不管在地球哪裡，人一開始都會召喚力量，為自己的行為向那些力量尋求指引與控制。這個機制顯然在當時是必要的。所以我們這些沒有信仰的人，生活在信仰者打造的社會建構裡，不管我們對其中哪些部分多所批評或憎恨，但沒有誠實的無神論者會否認，只要信仰中較為理智的層面在社會裡存續下去，社會就會因此更好。我們在拋開兄弟的蛋糕以前，已經先好好啃了一口。

對我來說，正確的行為就是我的基督教家庭教導我的行為：己所欲施於人，打不還手、罵不還口，對陷入困境者不可視而不見，對小孩要溫柔，應該避免對占有物質產生執念。我接受了大量的基督教導，部分因為是童年時期我所愛的人給我的，部分因為它一直很有道理，大家越盡量遵循它，我就越喜歡這些人（也不是說他們就已經實現或接近實現這些教導，我也沒有）。所以我兄弟的那塊蛋糕還滿大一塊的，更重要的是，上頭鋪滿一層糖霜，因為我最愛的畫作和雕塑當中有不少（這樣的事情對我來說相當重要）藝術家活在久遠的年代，久到足以相信天堂和地獄確實存在。在威尼斯科雷爾博物館的時候，我突然看到迪里克·鮑茨（Dieric Bouts）的〈聖母哺育聖子〉，我心中竄流的喜悅是我在看，比方說畢卡索或瑪麗·卡薩特的母與子畫作時不曾有過的，而且比起皮耶羅·德拉·法蘭切斯卡（Piero della Francesca）的〈耶穌誕生〉，我不記得曾經得到更強烈的感動。

施展魔咒的並非藝術家的技藝，雖然鮑茨的畫技確實迷人，德拉·法蘭切斯卡的畫技令人欽佩。這類藝術的吸引力來自無私，就像中國的佛陀銅像、中世紀的天使木雕或非洲面具。製作這個物件的人不是想表達自己的性格或自己對外表的詮釋，而是試圖呈現自身之外的事物，是他覺得極為崇敬、熱愛或懼怕的——盡其所能讓我們看到這個美妙的事物。我無法理解這份意圖的純粹性如何從藝品裡傳達出來，但確實就是傳達出來了。只消拿任何一幅十四或十五世紀還算不錯的聖母與子畫作，來跟當代最傑出的作品比較，就可以看出確實如此，跟藝術家將自己所呈現的真理視為天經地義有關。從十七世紀起，不管宗教藝術的技巧多麼精湛，裡頭總有一絲多愁善感或歇斯底里；到了二十世紀，那種特性貫穿了整個物件——想想艾瑞克．吉爾[6]作品中那種自詡神聖實則甜膩的自鳴得意！當然，繪製非宗教作品的偉大藝術家也常常懷抱敬意和愛來處理作品，因而超越自我，逼近同樣的純粹，但是再也沒有哪種主題強烈到足以協助次要的藝術家脫穎而出（鮑茨不錯，但不到偉大）。

早期的宗教音樂雖然大多都很美妙動聽，但對我來說沒那麼有震撼力：比起巴哈的清唱劇，我更偏好他的器樂作品。對我來說，那些文字使得清唱劇顯得過於教條，連最偉大的宗教詩篇和散文都無法打動我。

畫家繪製祭壇的三聯畫時，雖然心中帶著教條，但他採用的媒介在教化人心的效用上，終究沒有文字那麼合適。以教條來說，繪畫是個鈍弱的工具，所以百合花、金翅雀、石榴、鴿子、聖母和聖子，儘管蘊藏著訊息，但都可以視為獨立存在的事物。雖說（難解的自相矛盾便在於此）它們的創作者正是因為相信那個訊息是真理，所以才能賦予它們力量。

我對宗教書寫不感興趣，只有一個了不起的例外：聖經。我成長期間對舊約聖經和新約聖經都相當熟悉，這點依然讓我覺得欣慰。語言之美固然有很大關係，可是跟我外婆為孩子朗讀的天分關係更大。她讓我們這些孩子堅信，我們聽到的是非常**特別**的真實故事——特別的原因在於當中的真理跟我們有密切關係。現在，如果我讀到約瑟和他的兄弟

6 艾瑞克・吉爾（Eric Gill, 1882—1940），英國雕塑家，字體設計師和版畫家，對藝術和手工藝運動有深厚影響。Gill Sans字型便是由他所創。編注

們，或沙得拉、米煞和亞伯尼歌，或是耶穌誕生的故事，或是拉撒路復活，就會有奇特但有意思的狀況發生。我手上這台筆電提供了好幾種不同的字體，只要手指一碰就可以告訴它用哪一個。我讀那些故事時，也彷彿只消手指一碰，我的成人腦袋就被孩子腦袋所取代。我熟悉的那些故事就在眼前展開，聽起來和看起來就像外婆當初唸給我聽那樣。我當然仍舊可以用成人的方式來思考那些故事，當然不表示我會跪下來敬拜上帝：我熱愛祂在夜裡召喚撒母耳的故事，可是祂依然沒有對我發出召喚。只是，那些故事早已深深刻印在我的想像力裡，無法被不相信所抹消。事實上它們與我今日所理解的信仰或不信毫無關係，但它們就像過去那樣重新喚起相信的感觸，方式就跟聖誕聖歌相同。它們仍然帶有一絲過去那種特殊重要性的氣味，等著被我通常處於休眠狀態的部分覺知來捕捉。聖經透過信仰的稜鏡展示給我看，那些寫下聖經的人的絕對信仰，以及我外婆那稀釋過但依然真實的信仰。外婆不認為上帝像是猶太人的耶和華，但仍然相信祂的存在，她很可能將耶穌的神子身分、無玷成胎等等的視為隱喻，但仍持續堅信，為了成為好人，我們一定要相信祂的神性。以這樣具說服力的方式傳達給我，確實影響了我後來看待人生的眼光，可是並未說服我接受它的中心教導。那麼，書寫的文字是怎麼運作的？讀者的哪個部分吸收了文字——或者應該提出雙重疑問：讀者的哪個部分吸收了文本的哪個部分？

我想，在讀者對文本有意識的回應背後，或與之並存的，是內心匱乏的那一部分。不管讀者內心缺乏什麼，為了緩和那份需求，便會接受文本提供的任何內容。

譬如，我有個年輕許多的友人莎莉，她的孩子才剛開始閱讀時，她曾因為有那麼多為孩子們撰寫的書都跟動物有關，而覺得很心煩：不聽媽媽話的是一隻老鼠而不是孩子，突襲菜園而惹上麻煩的是兔子，登上王位的是大象。她問，為什麼大家期待她將這種奇幻讀物餵給孩子，而不是關於現實人生的故事？就我看來，答案是孩子們對動物角色會有反應，因為年紀很小的時候，他們需要的不是發掘和辨識「現實人生」，而是發掘和辨識自己的感受。以一對知名的動物角色為例：《維尼角的房子》裡的小豬和跳跳虎。小豬是個焦慮、膽怯的小傢伙，如果絕對必要，也能英勇起來，但只能在自己付出極大代價的狀況下；而跳跳虎活力充沛，有時相當惱人。兩個角色表達的特質是孩子會充滿樂趣地發掘和辨識的，因為它們就存在於孩子的內在。如果在紙上表達那些特質的是一個孩子，那些特質就又會屬於那個孩子，讀者便需要啟動人在面對他人時的批判能力。由「虛構的」動物來表達時（我還沒碰過頭腦簡單到不曉得動物並不會講人話的孩子），它們避開了批判能力，直接進入感受的下層林叢裡，而這些感受是亟需釐清和理解的（故事講的是人物，而不是動物，卻受到幼童的歡迎——比方說「郵差派特」系列故事——那些人物往往以如此非寫實的方式畫成，說是動物也不為過）。對莎莉的幼兒來說，重要的不是被給予符合現實生活的合理故事，而是當孩子開始需要的時候，那類故事的數量夠多，唾手可得。

我剛進入少女時期時，常常會奢侈地沉浸在浪漫小說中，彷彿泡一場熱呼呼的澡，怎麼讀都嫌不夠。不過我從來不相信現實生活中有任何人的長相或行為像那些書裡的男主角和女主角。我需要的是練習性愛的感觸——沉溺在某種非關生殖器的自慰裡——因為我是個情慾蒸騰的女孩，而我所生活的社會禁止我做愛。也許因為當時我運氣夠好，隨手就能取得優質的寫作來讀，那些浪漫小說並沒把我變成了浪漫情人——它只是我需要的那類感官愉悅，就像小小孩吃東西時發出滿足的嗯嗯聲，而對於它們那種多愁善感的訊息，我相信的程度不超過幼童相信兔子穿著小小藍外套，或者也不超過我對三位一體的信任。當時我已經讀夠了關於動物的幼兒故事，但尚未對羅曼史的性感品味產生飢渴，只是開始感覺到自己對現實生活的胃口。

第五章

所以，我就這樣開始進入了高齡階段，邁向避無可避且不再遙遠的終點，在沒有信仰的「支撐」之下，不得不面對人生前景裡赤裸裸的現實。我對這點有什麼感受？我向早一步走在前頭的親人求教。

我父母兩邊家族的多數女性都活到了九十多歲，而且一路神智清明到底。她們沒人必須住進養老院，甚至不用雇請居家看護。所有結了婚的那些女性各個都比丈夫長壽，而且有女兒可以陪伴她們度過人生最後幾日，有少數幾位在醫院裡度過臨終時刻，但也只在那裡停留一兩天。我清楚意識到，就這方面而言我們有多麼幸運，我至交的老年與死亡讓我明白，雇用技術嫻熟的居家看護或是入住職員個性善良、通情達理、工作效率高的「養老之家」（這種地方並不存在，但有一些比另一些稍微接近理想，而且通常是因為費用高昂到令人咂舌）所費不貲，以這兩種選項來說，我的家族親友頂多只付得起一週左右的費用。人人都想在他們所愛和信任之人的陪伴下，在自己家裡走到人生盡頭。這就是我的家族親友想要也順利達成的目標，包括我孀居的母親，雖然我明知她的幸福結局險些功虧一簣，對於這點，我至今依然心懷愧疚。

母親九十二歲的時候，我都七十歲了。她耳朵失聰、一眼失明，另一眼則仰賴隱形眼鏡才看得見東西。她的髖關節炎很嚴重，幾乎無法走路，右臂關節炎則嚴重到幾乎形同廢了。她也有心絞痛（還算溫和，偶爾發作）以及眩暈症（很折騰人，經常發作）。我當時住在倫敦，靠著極佳運氣還待在工作崗位上，跟一位老友共住一戶公寓。老友幾乎入不敷出，而我賺的薪資從來不足以存下一毛錢。什麼也不可能讓我母親坦承她渴望我回諾福克的老家陪她，但我知道她確實這麼希望，而我相信如果你有個慈愛可靠、心胸寬大且不苛求的母親，你在她晚年的時候就有責任提供她這份慰藉。我想大家年輕的時候照顧孩子，年老時反過來受孩子照顧，這是事物的自然秩序——雖然愚蠢或違常的父母有可能打亂這種秩序。而我母親既不愚蠢，也不違常。

我當初當然應該爭取與我技能相稱的薪資，這樣就可以購屋，最終也能接母親來同住，就不必自己繼續窩居在小公寓裡，還是一位慷慨無比的表親以象徵性的低廉租金供我借住的。預見我母親的老年境況，我曾經跟安德烈．多伊奇提起這件事情（他從我們公司獲取的利益比起他允許我獲取的多很多，這倒也說得過去，因為沒有他就沒有這家公司，不過他讓我們兩人收入的差距變得太大，而且他忍不住利用我對金錢的糊塗無腦。如果我當初一哭二鬧，或許可以逼他就範，但是我太懶惰，不想面對那種麻煩事）。他一如既往認為公司無力替我加薪，但他請教一位懂得理財的朋友，對方說，如果我找得到合適的房子，他可以安排一家保險公司買下來，讓我以優惠的條件入住——那些條件的內容我現在早已遺忘。當時我找到一棟迷人的小房子，附有大得令人意外的花園，而一樓恰恰可以作為我母親的住處，但保險公司的公證員卻宣布這樣風險太大，因為這棟房位於一排房屋的盡頭，而且牆壁有個隆起。那棟房子根本沒有一絲隆起的跡象，多年之後的現在也沒有（只要有機會路過，我必定仔細觀察），但我當時倒也樂意打退堂鼓。如果有人出手支援，我可能就會投入這個合情合理的計畫，開開心心執行，但是當時沒有奧援，而我本來就對於改變愜意的生活方式猶豫不決。最後這種猶豫占了上風。我並未重新尋覓房子。

而讓我心生歉疚的是這點：基於現實的財務理由，放棄我的工作和倫敦生活實屬不智。可是如果別無選擇，非返鄉不可，我和母親肯定也勉強熬得過去。真正說服我的，是我個人強烈的不情願，而不是財務理由。

我母親在她高齡九十四的母親臨終時表現出來的自私，並不亞於我。我母親當時想到南羅德西亞去探訪我妹妹，她先自問是否應該為了外婆的病況而延後探訪時間，然後表示，喬伊絲阿姨也贊同按照原訂計畫，要是她延後行程，也許反倒會讓外婆知道自己不久於世，徒增煩惱。喬伊絲阿姨跟外婆同住，獨自承擔照護生病外婆的重責大任。我知道母親只是在合理化自己的行為：她很害怕親眼面對自己母親的死亡，暗暗希望這件事可以在她缺席的時候發生，後來確實也是如此。母親這輩子都是嬌縱的么女，任性妄為，犯錯一概不必擔責，不同於她那些有責任感的兄姊。我替她覺得慚愧，甚至震驚，但是無法責怪她。當時我不常跟她見面，以為自己擺脫了家庭的依賴，可是神祕的基因連結起了作用，迫使人對至親內在的感受產生共鳴。我至今依然無法用她當時的自私表現替我自己的行為開脫。

不過，最後，那種歉疚感令我太不自在，我決定在這兩者之間做出妥協：我不願從倫敦連根拔起，以及我忍不住將照顧母親視為自己的職責。我決定在倫敦每過三天，就跟母親共度四天——週末和購物日。天氣好的時候開車，路況預計很差的話就搭火車。週間那幾天有幾個人幫忙照看：居家看護艾琳．貝瑞每天早上會過來，她親切可靠的程度遠超過職責所需；席德．普利每天下午會在花園裡砍柴、做粗活，他太太露比則負責替草坪除草、摘花與插花，還會確保鳥食平臺不缺糧；另外有米菈負責替她烹煮晚餐、洗衣熨衣、採買購物（雖然鮮少讓我母親滿意，因為想當然，米菈是在她為自己家人購物的地點順便採買，但那些店家的商品不符我母親的口味）。當時在鄉間，這類非專業但牢靠的幫手並不昂貴——事實上，居家看護當時還由社服單位免費提供（聽說已經停辦）。

宣布往後的「四夜／三夜計畫」之後，我回到倫敦，癱倒在床，身體極為不適，體溫低到我以為體溫計肯定故障了。可是等到我身體那場不由自主的抗議結束之後，我漸入佳境，對於暫停自己的人生越來越得心應手——跟長輩共同生活，暫停自己的人生是必要的。你會購買和烹煮適合她的食物，照她的用餐時間進食，按她的指示打理花園，將自己的工作擱置一旁、不去聽音樂，因為她的助聽器會扭曲樂音，而且幾乎只談她有興趣的話題。她不再能夠適應他人的需求和品味，而你在場就是要滿足她的需求與品味。幸運的是，我母親熱愛園藝，而我對園藝也真心有興趣，對手作也是。受限於眼力和患有風濕的雙手，她那時可以做的是編織衣物。但她編織毛線的風格十分大膽，而我真的很喜歡跟她討論是不是該把紫色添進去，或是過肩的部分是否要換個圖樣。母親狀況良好的時候，看到她露出滿意的神情，尤其知道她是因為有我在場而更加心滿意足，令我真心覺得歡喜。

但她的狀況並不總是很好。有時她會一臉灰敗，靜靜將「心臟藥」

塞進舌下。她更常眩暈發作，雖然沒那麼危險，但更令人苦惱。為了因應這種狀況，她事先聰明地將藥物放在戰略位置，不管她在客廳、廚房、臥房或浴室「暈起來」，不必花太多功夫就能坐進椅子並取得必要的配備。可是漸漸的，眩暈發作的長度和強度逐漸升高，只要我在場並得以幫上忙，都會心懷感激，而這種時刻也出現得愈來愈頻繁。面對這種潛在的危機，即使我在，我的焦慮感也無法減輕——事實上反倒加重了。如果我在夜裡醒來，就會開始擔心，之後幾乎無法再次入睡。我對她例行的活動瞭若指掌：她幾乎總在凌晨四點左右拖著腳步到廁所去（她只有在無比緊急的狀況下，才會動用我力勸她放在臥房裡的座椅式馬桶），她會在早上六點半啟動盥洗與著裝的緩慢過程。如果我沒聽到這些聲響……我會懷疑是我錯過了？還是她出了狀況？我非起身察看不可。如果我聽到她咳嗽，就會忖度那是普通的咳嗽？或是眩暈發作前的乾嘔？我必須凝神諦聽，直到釐清咳嗽的性質。這種焦慮感似乎更貼近某種動物性的恐慌，而不是理性的東西。說到底，我知道我可以協助她熬過眩暈，而且即使她心臟病發而亡，我也知道這樁無法避免、遲早會發生的事件，會是一個漫長美好人生的適時終結，而不是悲劇一場。不過，隨著每星期過去，她又更老一些，更無助一點，可惡的眩暈也對她造成更多損耗——死神就在房子上方的閣樓，等著下樓給她殘忍且致命的痛苦——這點令我恐懼。

我遵循四夜／三夜的計畫大約一年之後，才意識到這讓我多害怕。當然很累人，即使排除擔憂那部分。我在倫敦的時候工作很賣力，所以從來沒時間獨處、在家裡做自己的事。我開始覺得疲憊不堪。我每天開車去上班，將車子留在距離辦公室十五分鐘步程的車庫——這趟步行很宜人，要穿過羅素廣場，我向來喜歡那個地方。但現在，卻開始讓我覺得力不從心。我的雙腳似乎不如原本該有的靈活，所以我得當心不要絆倒，甚至開始害怕摔倒。有次週末跟母親共度，我感覺自己的脾氣如此暴躁，如此陰鬱，險些就要落下不理性的淚水，讓我決定一回家就要去看醫生。高血壓，醫生說：高得過分。這點令人擔憂，同時又讓人如釋重負：擔憂是因為我暗地擔心自己會中風，如釋重負是因為糟透的感覺有真正的理由，不只是自己的想像。醫生說，我為壓力所苦，這點不意外，一定要好好度個假。我也自責了一番，已經有幾個月我都懶得量體重了：竟然已經飆升到七十九點多公斤！所以我妹妹好心從辛巴威回來五個星期，陪伴我母親，而我好好待在自己親愛的床上一週，然後去一家奢華的健康診所一週，啟動減重的歷程（之後也獨力成功持續下去）。等我的血壓回歸正常，再次舒服起來（我好多年都沒這麼好過），我決定不要不間斷地持續四／三計畫，每個月的第三個週末讓自己留在倫敦。這樣相當合理，可是愧疚感再次湧現。在倫敦，我可以甩掉焦慮，思索自己所關注的事情（甚至比之前更加享受這種滋味，因為之前不得不擱置不理），但我陪在母親身邊那種夜間擔憂卻更劇烈了。

「我並不怕死。」我母親這樣說，她討論一旦走了以後會如何時所展現的平靜，顯示她確實比大多人都還不怕死。我相信我也是如此——但是這番聲明之後太常接著這句話，以至於成了陳腔濫調：「我害怕的是垂死的過程。」當垂死近在眼前，那些話語真實得令人震驚。我母親並不怕死，但當心絞痛發作讓她無法呼吸，她真的非常恐懼。我並不怕她死去，但對她垂死的過程害怕不已。

我只看過一個死人——這點相當荒唐：一個七十幾歲的女人竟然只看過一具屍體！沒有什麼事比起我們當代對死亡的禁忌更說不通了。我唯一看過的死者是安德烈．多伊奇九十二歲的母親，看護發現她斷氣時，安德烈恰好出國。警察將她的遺體送往驗屍官的停屍間之後，聯絡上安德烈的祕書和我，詢問我們其中是否有人能負責前去指認遺體。我們決定一起去。

前往停屍間的路上，我在腦中回顧各種關於屍體的寬慰式描述：它們看來很空洞，跟脫離軀體的那個人毫無關係，而在死亡莊嚴的安詳裡，臉龐會變得多麼美麗。我想要得到保證，因為我預期我們會跟遺體共處一室，我們會站在它旁邊，同時有個隨員會將掩住遺體臉龐的布單往後揭開，但實際上並不是這樣進行的。我們被帶進狹窄的房間，那裡有一扇大大的平板玻璃窗戶，掛著鼠尾草綠的廉價花緞窗簾。窗簾往後拉開，遺體在玻璃的另一側，躺在一個盒子裡，用某種紫色絲絨床罩一路蓋到脖子那裡。

我不由自主說出口的話是：「噢可憐的小瑪莉亞！」那副模樣看起來並不是跟她毫無關係，模樣也不是莊嚴安詳。躺在那裡的是可憐的小瑪莉亞。頭髮一團亂，臉龐髒兮兮，看起來彷彿陷在極度困惑和沮喪的狀態，因為經歷了某種言語難以形容的惡事。想起她已經過世，感受不到自己外表的樣子，是種安慰；不過，清楚看出我過往最愛的、在夜裡往大海漂盪而去的意象根本是胡扯時，就毫無安慰可言了。瑪莉亞的遺體展現了連迅速死亡也可能令人極為不快。

驗屍官的工作區域則出乎意料地令人精神一振。我們穿越牆面包圍的庭院才抵達那裡，後窗貼膜的白色廂型車進進出出。其中一輛倒車靠近一處小小卸貨區，乍看會以為是送生活雜貨的，但其實是在運送遺體。負責開車、裝卸的男人之中有幾位正在房裡喝茶，房間就在我們穿過的通道旁邊，他們的年齡從中年到老年都有，滿臉強悍，略帶粗鄙。我們經過房門時，他們斜眼瞥了瞥我們，眼神裡帶有微微的嘲諷——幾乎難以察覺的閃光。他們心知肚明。他們知道，不管死亡發生的時候可能多令人不快，這種事稀鬆平常，沒必要大驚小怪。毋庸置疑，他們大半都嚴肅地進行工作，但眼裡微微的光芒暗示著他們當中有些人可能喜歡對遺體做點無禮的事情（也許把它的肚臍當成煙灰缸），一邊想像當他們這樣做，過度拘謹的旁觀者會有多麼驚恐。他們可能會尊重喪親者的悲痛，但他們會蔑視過度拘謹。這些男人擺脫了怕髒怕死、容易不適的拘謹狀態，進入了與常人相異的類別。

在這裡，處理逝者的遺骸是不足為奇的日常工作，而我對這地方展現出變態的好奇。如果入口通道旁邊那個房間裡的男人用眼角餘光瞟我，我也是這樣偷看他們——我並不想要洩露自己有多好奇，不想要被逮個正著。我強烈意識到那些遺體——藏在白色廂型車裡的那些，以及藏在特地設計的遺體安置處，在平板玻璃窗戶後面、跟瑪莉亞同一側的那些。如果我是一條狗，耳朵早已立起、頸背的毛都會直豎。我想，這種奇特的興奮感在某個層次上，跟我急著想從死去動物身邊逃開的劇烈反應有關，那是我童年時期出乎意料撞見腐爛中的屍體而頓時湧現的感受，無論是藏在長草裡或困在陷阱裡，或放在獵場看守人的恐怖「食品室」——他們會用鐵絲將那些掉入陷阱或被射殺的「害蟲」串起來。為了不要路過那些現場，我常常刻意繞遠路而行——事實上，我認為牠們就是我向來不大喜歡在樹林裡散步的原因。這兩種反應看似對立，但可說是同一枚硬幣的兩面。不管真相如何，為了說服自己擺脫在母親家裡經歷的夜間恐怖，我確實會在腦海裡召喚記憶，關於那個停屍間，以及死去的動物：「鎮定，這不是理智在說：『唉，她很快就要死掉，離開人間了。』就這點來說，是另一整套相當不同的反應組合。這只不過是肉體的震顫，因為皮囊終究會腐爛，我們不只能夠承認那種皮肉崩解是平凡無奇的，也可以去感受它。」不久之後，我寫下一首詩，也許更正確的說法是一份短短的聲明——造訪了那個停屍間，對我後來面對死亡的態度，影響不小。

我學會認出那種後窗貼膜的
素白廂型車
還有黑色那種，同樣低調，停在後街的門前
那些門有種不曾開啟的模樣（有誤導作用）。

白色廂型車會載運死在暗巷裡的毒蟲，
鄰居開始納悶，打電話報警之後發現的凍死老婦，
在辦公室留到很晚上吊自死的男人，
在舞廳外面突發的鬥毆事件裡被刀刺死的男孩。
每天凌晨都會運送棺木到停屍間的黑色廂型車。

處理遺體的男人蔑視那些不經手的人。為什麼？
怎麼會？什麼？哪裡？喪親者的內心哭喊著。
處理遺體的男人垂下眼皮，遮掩隱密但不耐煩的粗鄙神情。他們當
　中有些碰巧是戀屍
癖者，但大多都是
正常人，從處理死亡當中學會

死亡什麼都不說，因為它沒有任何話要說，什麼
都沒有。

我頭一次認出那些廂型車時，我等著自己起雞皮疙瘩。
我依然覺得訝異，它們竟會振奮我的心情。
「死亡來了，」我看到一輛的時候心想，「死亡忙著
日常工作。
他們以為我沒看到。他們以為只有他們
有那種膽量知道死亡有多麼平凡。」

認出一輛廂型車：熟悉度僅止於此，
我看著我那位沒認出那種廂型車的朋友，
我懷疑我的神情裡，

已經帶有一絲隱密但不耐煩的粗鄙。

母親要離開人世時，運氣好到難以置信——因此也是我的幸運。她九十六歲生日的前一天，撐著兩把枴杖走到她花園的盡頭，去監督席德・普立種下新的一棵尤加利樹。席德種到一半的時候，覺得她看起來不大對勁。「你還好嗎？」席德問，她說她覺得有點站不穩，最好回屋裡去。席德攙扶她回屋，幫她坐進椅子裡，然後打電話給她的看護艾琳・貝瑞。艾琳立刻趕過來，看出是心臟衰竭。艾琳將她送到當地的小醫院，打電話給我，那時是晚上八點半。她說如果我明天一早過來一趟可能比較好；不，她覺得我沒必要立刻趕過去。我早早抵達醫院，發現我弟弟和我母親最愛的姪女已經到場，他們都住得不遠。在母親死後不久，我再次寫了類似詩的文字描述它，似乎還滿適合放在這裡的。

禮物

我母親花了兩天時間才過世，頭一天相當殘酷，
她九十五歲的軀體已經崩垮，無法修復。
我找到她時，她處於「急救狀態」，在擁擠病房的屏風後方，
下巴開著，舌頭鬆垂，眼睛視而不見。
失去意識嗎？不。快要嘔吐的時候，她氣喘吁吁說：「臉盆！」
她很清楚自己正必須熬過的事情。

我將手搭在她的手上。她的腦袋動了動，眼皮往上撐起。
眼神聚焦了。
從那個垂死婦人的靈魂深處
閃現了認出我以及極端喜悅的神情。

我弟弟當時在場，後來他說：
「她給了你一抹非常美麗的笑容。」
那就是我從未懷疑過的愛，
像火光一樣燃顯出來。
我目睹了我向來相信的事情。

隔天早上：安靜，沉睡，
間歇的喃喃低語。
「她狀況好了點！」
「她感覺好多了，」善良的護士說，
「但還是病得很重。」
我明白這份警告，而看似奇蹟的
是嗎啡的效用。

我有什麼感受？就像連體嬰，一個永遠不希望她
死去，
另一個則想到回歸舊有的生活就沮喪，
想到必須持續為她的痛苦感到害怕，繼續預見
她越演越烈的無助以及我的歉疚感
因為我無法放棄自己的生活，無法隨侍在她身旁。
我對自己的兩種分裂過意不去；但這種感覺轉眼即逝，
因為在這場衝突之上，有位裁判蹲踞在我腦海裡，正在說：
「你們誰也贏不了，所以閉上嘴，
不管接下來如何，隨機應變就好。」

她癱倒的身體放鬆下來，在她身邊令人不安，因為如此有生命力。

在即將停止存在的邊緣上

她自己一人在那裡，疲憊但平凡無比，交代我該怎麼處理她的小狗，要到哪裡找她的遺囑。

我的表親抗議說：「可是你很快就會回家的」。母親動怒了。

「別胡扯了，」她說，「我隨時都會離開。」

接著，在久久沉睡之後，母親微微轉頭說：

「我有沒有跟你說過，上星期傑克載我到育苗場，去買那棵尤加利？」

我也很愛那座育苗場，也很愛開車穿越鄉間的那段路程，我們熟悉了一輩子。

「你跟我說過他會載你去，」我說，「好玩嗎？」

她作夢似地回答——是她再次入睡之前說的最後幾個字，然後不曾再從沉眠中醒來：

「美妙極了。」

• 第六章 •

既然我距離母親過世的年紀只少了七歲，對於死亡的認識給了我多少程度的支持或擔憂？我得到好些不大穩定的慰藉，也有憂慮的理由。

慰藉涉及臨終的實際過程。不可能有多少家族跟我的家族一樣，在這個層面上如此好運。連運氣最差的都逃過了死亡最恐怖的狀況（死亡當然，唉，可以到很糟糕的地步）。我的外婆因為心臟逐步衰竭，身體虛弱而必須忍受幾個月令人苦惱的臥床時光，但她有個女兒在家裡陪著她熬過那段時間，她女兒最後告知眾人，她最終的死因是心臟病發，但這次發作沒有她先前撐過的其中幾次難受。我父親則不得不熬過確實很糟的一週，雖然沒人確定他對那種恐怖有多少意識：腦出血奪走他的說話能力，他明顯陷入迷惑。他在醫院安頓下來以後，如果拿水盆讓他清洗或端餐點給他，他會有正常的反應——你走進病房時，當他看到你，會露出愉快神情、試圖說話，卻遍尋不到字眼。他臉上會先浮現苦惱的表情，接著則是絕望。我感覺他知道有什麼出了嚴重差錯，覺得很悲慘，然後想：「好吧，看來我也束手無策，所以最好不要再嘗試。」醫生看不出這樣的損傷有任何復原的可能性，但發現父親的體能還相當好，這點令人憂心：我跟母親都不忍去談父親若以這種狀態繼續活很久，可能會如何。但第二次的腦出血來襲，立即奪走他的性命，不管在這期間他對自己所受的苦有多少意識，也只有六天。

關於我父親那邊的祖父母、父親的手足、我外公的死，我所知甚少，但就我所知道的，都不特別痛苦。而我母親那邊，有個姊妹在八十三歲的時候中風，幾乎立刻喪命，未曾恢復意識；另一位姊妹活到九十四歲，離世時受苦的時間不到一小時，當時她說自己現在覺得舒服許多，之後就在女兒的懷裡過世；另一位越漸虛弱、昏昏欲睡，約莫三個星期之後靜靜離開人世；她們的兄弟，一名幸運到最後的男人，在八十二歲那年騎馬參加諾里奇的狩獵活動，正在跟朋友聊天時，笑到一半，噗通！從馬上摔下來時已經斷氣。我最年長的表姊也有類似的運氣，正在泡一杯茶的時候，斷氣倒地。

我弟弟去年過世，他的運氣就沒那麼好了，但不是因為他久病纏身或是害怕死亡。他的麻煩在於他痛恨死亡，因為他是如此熱愛自己的生活。他八十五歲，知道死期將至，之前倔強地拒絕留意老年的各種病痛——而他焦慮的妻子和其他人一眼即知，後來他終於被迫承認自己沒了胃口，渾身冷得不得了。可是他依然渴望出外、渴望把他那幾艘船拿來胡搞瞎搞一番——他住在諾福克海岸，真心鍾愛那地方，不得不離開那裡和那裡的日常活動，對他來說就是最悲慘的命運。

他在死前不久的某天下午駕船帶我出遊。他的房子就在布萊克尼海角（Blakeney Point），是一小段跟海岸平行的長型沙丘，部分包圍了一片水域，在退潮時會形成一條河，穿過外露的泥灘往外蜿蜒流向大海，但在漲潮時則是一大片有遮蔽的寬闊水域，上面有小小帆船來來往往，只要仔細遵守更深水道的標示，更大的船隻也能輕鬆行駛於上。那天幾乎一點風都沒有。天空和水都是珍珠母和鴿胸的色調，混合了柔和的藍色和粉紅，色調如此細緻，是我前所未見的。一小群小艇帆船因為無風而停航，巴望著可以開啟一場競賽（我們用的是馬達，於是幫忙拉了一艘沒有舷外引擎的船，好讓它加入那個船隊的行列）。在這些小船舵柄邊閒著沒事的人都沒有露出不耐或無聊的神情，在眼前的美妙景色裡，沒人在意無風停航。我們駛離他們一小段距離後，不久，在接近海角盡頭，幾乎到了開放海域時，船殼下方開始有了小小的波動，貓掌似的微風（更像是幼貓的掌）撩動了水面，足以讓陽光開始在每道漣漪的邊緣閃閃爍爍，曾經有人告訴我，奧德堡的漁夫以前都會將這種光線效果稱呼為「叮咚鐃鈸」。我從此永遠都會這樣聯想，而後來我見過的叮咚鐃鈸都比不上我們當時穿越其中的那片光線——那時，安德魯終於可以揚起船帆，我們非常、非常溫柔地開始航行。我們當下沒說什麼話。雖然我們不常見面，在諸多觀點上迴然不同，但從未失去童年早期就擁有的親近關係，很多事情不必透過語言便能互相理解。那天下午洋溢著那個地方特有的可愛；他知道我很欣賞這個狀態，我也毫無疑問地知道這個狀態深深打動了他。在理想妻子的協助下，他這個男人終於替自己找到這處所在與這個人生，使他得以實現自我，徹底且濃烈地過著生活，這種狀況較常在藝術家身上看到，而不是這名原本理應務農卻成為陸軍軍官，最後教人怎麼駕駛帆船並在北海邊緣養殖牡蠣的人身上看到。死亡漸漸接近的時候，充塞他心中的，並不是他必須承受的肉體重擊（事實上，最後也並沒有），而是必須跟他所痴迷的生活道別而感到的悲痛。

就我看來，這樣的悲痛就證明了有過一場美好的，至少是令人愉悅的人生，人應該為此心存感激——當然，前提是人生並未過早戛然而止，我知道弟弟跟我看法相同：人一旦過了八十歲，就無權抱怨死亡，因為他確實這麼說過。我猜如果我死前有足夠時間可以思考這件事，至少也會稍微有這種感覺，希望我記得死亡只是為了過往享有過的所必須付出的代價。

所以我很有機會可以平順離世，而我發現，透過思考，我很容易就能養成對死亡的合理態度。所以，我從沒花時間擔憂死亡的事，這也不意外。我擔心的是拖著衰敗的身軀活下去，因為經驗讓我得知，那種磨難若沒有原本可能會有的那麼艱難，通常是因為有女兒在。而我沒有女兒。貝瑞，就是跟我最親近的人——我們六十三年前成為戀人，八年後一起住在這間公寓。他的肉體先垮了，所以我必須照顧他。而我沒有財力可以支付任何類型的照護。如果我沒有那種運氣能在行動自如的狀況下斷氣倒地，就像我舅舅和表親那樣（那種運氣只能祈求，無法指望），那麼，等著我的，就只能是老年醫學病房了。

幸運的是，如果前景足夠淒涼，心思就會拒絕沉湎其中。這並不是選擇不去想，而比較是無法去想。不管發生什麼事，我都會熬過去，所以何必過度煩惱？我嘗試評估自己的態度之後，看來就是如此。最後那段悲慘的、無力照顧自己的幾個星期或幾個月（希望不是幾年！）反正都那麼令人不快了，到底怎麼度過也幾乎無所謂了。我最老的朋友今年過世，跟我同年，一樣沒有女兒，可是她有足夠財力，先是雇請看護到府訪視，之後也有能力負擔公認極好的養生宅，既然費用那麼高昂，也合該如此。偶爾發生緊急狀況時，她也必須在醫院裡度過一星期左右的時間，在滿是老人的病房裡，她看來並不比在價格高昂的「養生宅」更不快樂。我覺得病房有個真正的缺點，就是那裡的護理技術更好，比起「養生宅」，更可能將你從死亡邊緣拉回來，進一步吃苦受難。但在另一方面，她被拉回來的時候總是很高興。也許人走到那個境地，永遠都會很高興？至於我是否跟她有同感，等我有機會親身體驗時，應該也無力回報感想了。

針對死亡這件事，以及我事前的感受，我只有這些話要說，那麼現在我就要繼續往前（或者更精確的說法是「讓位」），去談談人生最終幾年的體驗。

第七章

今天發生的事情當然跟昨天的狀況緊緊交織，只不過是同樣過程的延續：而唯有罹患老年癡呆症的老人家會移入另一個層次。對我們其他人來說，我們栽下什麼，之後就收穫什麼。我的收穫裡最棒的一部分來自許久以前幸運的播種。

在三十六頁所描述的那起事件之後，我頭一次不得不接受這個事實：我在性愛上走下坡了，從戀人轉朋友的貝瑞·雷克決定將他的一齣戲《白巫婆》帶到牙買加表演。整齣戲裡只有一個角色不是牙買加人，所以那些人物可以等他抵達當地再選角，但是「巫婆」本人是英國人，所以詮釋她的人選必須先在這裡找好，然後由他帶過去。他負擔不起知名演員，所以不得不找一名年輕、歷練不多，但會因為能演出這個戲分吃重又有趣的要角而興奮到願意接受少許薪酬的新人，開心地前往加勒比海待幾個月。

幾乎第一位來試鏡的就是來自薩默塞特的農夫之女，莎麗．凱立，她將這個角色的台詞讀得可圈可點，長相也夠漂亮，雖然依我看來，這角色的外型應該要再稍微更極端跟古怪一點。不過貝瑞喜歡，也判定（頗為正確）她一旦踏上舞台，就能表現出這個角色的性格。於是他們就這樣啟程了，結果演出頗為成功。我從貝瑞的來信明顯看出他很快就跟莎麗發生關係了，我並不意外。

然而當他們回到英國，我對他們兩人的認真程度有點驚訝——肯定遠遠超過一時的意亂情迷。但是原因幾乎馬上就見分曉。我跟貝瑞對於聰慧、誠實、慷慨有類似的反應，所以當我發現莎麗是我所見過心地最好的年輕女子之一，不，是心地最好的人之一，我完全可以理解貝瑞為什麼會愛她。如果我跟貝瑞還有肉體關係，看到他們在一起，我肯定會很心痛，可是因為到了那時，我內心已經完全認知到我倆之間的性已經永遠結束，所以我並不擔憂。在莎麗走進我們的生活以前，我和貝瑞的關係就已經發生了這個重要的轉變，真是莫大的好運。

她在距離我們家不遠的地方找到了一間套房，然後恢復了緊張兮兮的試鏡日常，接到工作的時候極少，所以要支付自己的租金並不容易。她的父母雖然都來自務農家族，本身也是農人，但顯然已經開始痛恨這種困苦的生活，希望三個女兒都能脫身。頭兩位女兒嫁給了美國人，而莎麗擁有美好的低沉嗓音以及表演天分，堅定地以舞台生涯為目標。她說她父親會刻意阻止她對農場的事務產生興趣，而她似乎真的對農務所知甚少——我以前都會調侃她不知道小麥和大麥的差別。她中學畢業後前往表演學校就讀，當時還繼續在上歌唱課。

不久，我想到，既然她幾乎每晚都在貝瑞的床上過夜，繼續租套房很浪費錢，所以我提議她搬進來跟我們住。就我看來，有她在身邊我應該會滿愉快的，確實也是如此。我知道別人會覺得我們的三人行很古怪，但不管他們是認為我慷慨而給我不應得的美名，或是覺得我們行為不檢點而對我表示不苟同，我永遠無法分辨，因為沒人失禮到公開發表評論。我懷疑前者多過於後者，因為經歷過一九六〇年代的人至少都聽過占有欲受到譴責的狀況，即使他們自己並不會譴責占有欲。確實很多人占有欲強到神經質的地步，無法忍受看到有人享受任何事情，即使那件事情他們自己根本並不想要，可是我過去不曾、現在依然沒有那麼強烈的占有欲。不是因為我訓練自己戒除占有欲，而只是因為我天生並非如此——是運氣，不是美德，我因此覺得感激，因為常常目睹嫉妒造成的慘狀。莎麗加入我們，我的感覺就是家裡現在多了個可愛的新朋友，加上親愛的老朋友，而接下來兩年左右是我記憶中最快樂的時光。

莎麗的父親健康惡化時，那段生活也隨之劃上了句點。她已經放棄歌唱課（老師說她應該把我想當全世界最棒的女低音寫下來，貼在鏡子上方，她當時心想：「蠢斃了！我一點都不想當什麼全世界最棒的女低音」），雖然她喜歡演戲，但並不執著，也厭惡往往頗羞辱人的試演折磨。所以她的結論是，自己應該回老家協助父親，為了這個目的，她在賽倫塞斯特報名了一門農場管理課程。我想，我想念她的程度幾乎跟貝瑞想念她的程度不相上下，但是到了那時，友誼早已經鞏固成一種如家人般的歸屬感，所以沒有「失去」她的問題，即使她在賽倫塞斯特認識了亨利．巴根納，兩人決定共結連理，也沒有改變。亨利是個古道熱腸又睿智的年輕人，我跟貝瑞都很喜歡他，可以說是自然而然成了我們家的成員。卡瑞先生過世後，他們兩個接手了農場，當潔西艾美和波雄出生時，貝瑞幾乎像是得到了兩個孫子，而我也是，雖然感覺沒那麼強烈。

所以如今到了晚年，雖然我實際上並沒有女兒或孫子，但確實有一些人可以填補這些角色。莎麗最令人佩服的一點就是，雖然她在婚前看來並沒有特別受到孩子的吸引，然而當她有了孩子，卻敞開自己，令人吃驚地徹底投入母職當中，卻從不曾迷失自我。比方說，她決心親餵母乳，一直到孩子自己選擇放棄為止。頭胎孩子潔西艾美直到三歲，仍會在需要安慰的時候回去吸奶，到了那時，她已能理解並同意一定要讓位給小弟，因為他不吸奶不行，而她不要也沒問題。所有常見的相關爭論都曾用來向莎麗施壓——親餵母乳是不必要的、這是不體面的、這樣她會被綁住、這樣會讓她筋疲力盡，最重要的是會讓孩子對她產生神經質的依賴——這些說法她全都置之不理。事實上發生的情形是，潔西很好帶，方便帶著走的她反而被吸納到成人生活裡，而非把母親困在育嬰室中，並且逐漸長成極有安全感的孩子，擁有非凡的自信和獨立，現在成了青年，在醫生職涯中平步青雲，令我們佩服又羨慕無比。而且潔西從她住的公寓走到我們家只需要五分鐘——我們真的幸運極了。而她的弟弟小波雖然非常不同，卻也相當美麗和成功，而他倆的母親不曾有一刻辜負兩個孩子，慈愛的她得到孩子同等的愛，同時還在有機食品運動中建立起全職的事業。我所熟識的迷人年輕人豈止只有她這兩個孩子——我有姪子、姪女、孫姪子、孫姪女，全讓關於現代青年的悲觀預感成了謬論——不過我最常見的就是他們兩個，所以他們象徵了我在這方面的福氣。

這件事的好處不只在於年輕人會激發長者的深情，也不只在於長者能觀察年輕人的人生多有趣味。年輕人單是在場，就為長者生活中令人不快的元素提供了某種實用的抵銷作用。只是因為在我們長者的個人活動範圍裡，情勢正在走下坡，我們便往往深信一切都在走下坡。我們漸漸沒有能力去做自己喜愛的事，聽力、視力、胃口都變差，身體更常疼痛，朋友一一凋零，我們知道自己不久也會死去……我們很容易對人生陷入悲觀態度。也許沒什麼好意外的，但這樣非常無聊，而且使得原本沉悶的最後幾年甚至更加沉悶。然而如果我們時不時能夠意識到人生正要起步的那些人眼前有漫漫的時光，而且充滿可能性，這就是一種提醒——其實會讓我們這些老人再次感覺到，我們不只是投向虛無的黑色細線盡頭的點點，而是屬於色彩繽紛的寬闊河流，裡面滿是起步、成熟、衰敗、新的起步——我們依然屬於當中的一分子，而我們邁向死亡也是其中的一部分，就像這些孩子洋溢的青春，所以趁我們還有看出這點的能力，就別浪費時間發牢騷了。如果我們運氣夠好，如我這般，可以時不時密切接觸到年輕人，他們有時候便可以讓這個念頭更容易緊緊掌握：每個人跟接觸到的其他人面對面時，都像一面鏡子。

我們的模樣永遠會從其他人的眼光映射出來。或傻氣或明理、或愚蠢或聰明、或好或壞、沒魅力或性感……？即使不主動探尋，我們也從未停止對這些問題的答案保持至少略微的意識，而獲得的答案要不是讓我們氣餒，就是歡欣鼓舞，在極端的案例裡則會被摧毀或得到拯救。所以當你年老的時候，一個親愛的孩子湊巧看著你，彷彿認為你充滿智慧又仁慈（即使是誤會！）：這是多麼大的福分！不是因為在對方眼中短暫地瞥見自己，就可以讓你長久地變成智慧和仁慈的化身，而是更像一次優秀的足部按摩療程，雖然什麼也沒能治癒，但在當下確實能讓你覺得自己是更好的人，而這種良好的感覺之後可以持續一兩個鐘頭，即使如此短暫，也很值得體驗。

這類短暫的自尊提升越頻繁，就越有價值，所以有個風險（機率微小但有可能）是會令人上癮。一個不喜歡生活中有年輕人的老年人一定脾氣很乖戾，但極重要的一點是，他們應該要記住那種上癮的風險，並小心行事。不久以前，我吃晚餐時旁邊坐了個將近七十歲或七十出頭的活潑男人，他愉快地宣布自己跟年輕人相處融洽，他不知道為什麼，但年輕人似乎覺得他與他們年紀差不多。他說這番話時，聰慧的臉龐漾起了愚昧的笑容。我的感覺是：噢，你這可憐的傢伙！然後我（既不厚道，也幾乎毫無用處地）說了個來自個人經驗的小故事。

我十八或十九歲的時候得知住在附近的一個男人結婚了，大家都很驚訝。我們當時都以為，他都已經（我想）四十九歲了，對自己的單身狀態看來相當滿意，肯定會光棍一輩子，但我們認為原因在於他腦袋不大靈光，沒人懷疑他是同志。大家得知他找到妻子，一個適合他的四十五歲女人時，也都為他高興，但在討論這件事的時候帶著一絲興味。大家談他的事談得頻繁到連我都有了興趣時，我去參加一場舞會，看到他們在那裡，剛度完蜜月回來。我看著他們一起踏進舞池，兩個沙色頭髮、身材矮小、長相平凡無奇但一臉開心的老人家——不，不只是一臉開心，而是興高采烈。他們在發光。他們望著彼此的眼睛。他們臉貼臉，閉上眼睛共舞。噁心。「我想，」我當時暗忖，「老人家一定還會做愛（在那個年代，我們沒想到要說『幹』這個字眼），但他們應該莊重點，不要表現出來。」而我當時是個善良有教養的女孩，要是跟他們兩人面對面，怎麼也不可能透露我的那種反應。

就我看來，現今的年輕人往往比我過去還要見多識廣、成熟世故，而當中有不少人（肯定是跟我親近的那些）比我們當初更容易跟長輩起共鳴。但我深信，人永遠、永遠不應該期待年輕人會想要我們的陪伴，也不該對他們提出我們會對同齡朋友提出的要求。不管他們慷慨地給予什麼，我們就好好享受，這樣就好。

第八章

當然了，除了人際關係之外，參加活動也幾乎同等重要。二十年前左右，有一段時間，如果你住在倫敦，可以近乎免費地參與各式各樣的夜間課程。多年來，我一直帶著優越的心態，認為這樣的活動不是為我而設，但當我胖到在我負擔得起的店裡買不到喜歡的成衣服飾時，我想到也許可以學做衣服，所以我打聽了一下，頓時眼界大開。為了報名縫製衣服的課程，我到當地小學去，發現課程主題眾多，不禁肅然起敬：繪畫、數種舞蹈、水電、語言（包括中文、俄語、拉丁語等）、汽車修理、古董蒐集——只要說得出來的都有得學。所以不久後，每個星期三晚上，我們一群人就像矮小的地精似的，伏在幼兒圖書館的迷你書桌前，歡歡喜喜縫製東西。我們的運氣好得出奇，有親愛的碧蒂・麥克斯威爾指導我們。她不只教得很好，也在我們這群人持續至今的友誼之中成為中心人物，但享受美好時光的顯然不只是我們這班。

大約六年之後，原本幾乎免費的豐富課程開始萎縮。稍早之前便已經開始受到威脅：無論任何課程，出席的學員只要不到十人就不開課，所以偶爾我們為了湊足人數，不得不劫持願意配合的丈夫，給他一點材料，要他裝出好像在替自己做領帶的樣子。可是最終，那個系統整個停擺了。不過呢，當然還有些機構持續為那些願意付費的人開設課程，而對我來說，成人課程成了生活中的及時雨。

最初讓我把這些課程跟繪畫聯想起來的是母親，因為她在七十五歲時，參加了宜情繪畫課程。有些同學仔細臨摹明信片就心滿意足，但另外有些同學比較有冒險精神，而她就是當中最勇敢的學員之一。她畫出了許多風格大膽的靜物作品，還有一幅頗為驚人的自畫像，她非常享受這門課，所以等我到了七十五歲，縫製衣服的課程停擺之後，自然就追隨了母親的腳步。我求學期間向來喜愛繪畫課，也曾經玩票性質地當過一陣子週日畫家，後來才領悟到工作讓我根本沒時間作畫，但我依然明白，要是想畫什麼，我還是能試著畫出一些東西的。我加入頭一堂人體寫生課時還在上班（我一直到七十五歲才退休），很快就意識到，在那種狀況下，我的精力不足以應付課堂上必要的專注度。不過，退休之後，我在住家附近找到了討人喜歡、設備周全的人體寫生課，於是持續學了一段時間。

我想在那門課裡，幾乎只有我這個學員將目標鎖定在重現人體模特兒的外表上。其他學員大多都將重心放在希望透過畫些線條或製造些痕跡，呈現現代藝術的效果。之於他們，我的畫作看來一定相當無聊跟老派；之於我，他們的作法則是浪費時間到荒唐的地步，而我依然認為，我當時是對的。也許是因為我年紀大了，但年紀大不見得想法就會出錯。無法將任何與嫻熟技藝無關的事物視為藝術——我確定，抱持這種想法的，絕不只有老年人。

要是財力雄厚，我會收藏藝術作品，素描和彩畫都要。彩畫令人興奮的方式有很多種，但能讓我悸動的素描，永遠是那種捕捉了某個生命片刻的作品。無論成就高低，藝術家往往用素描來理解某件事情，或以此捕捉想要保留的事物：這些作品以如此強烈的即時性來溝通，足以抹去時間的限制。我有一幅維多利亞時期藝術家的素描，畫的是他妻子藉著燭光教導小女兒閱讀的情景。畫家畢薩內洛（Pisanello）活躍於十四世紀，在一本介紹他的書裡，收錄了他為四名絞刑犯各自畫下的速寫。每一張都以不同的方式令人屏息——透過素描畫者的雙眼，觀者彷彿能夠如臨現場。（也許奇怪的是，比起私人筆記或習作，把素描當成藝術作品展示，反倒比較不會有這種幻覺。）

許多人終其一生，手與眼永遠無法協調到足以畫畫。有些人特別有天分，從一開始就具備這種能力。我們當中也有些人，一開始手眼無法有效配合，但也許可以透過練習來訓練——人體素描課程的目標肯定就是為此吧？是為了教導你怎麼觀看、怎麼用自己的手重現眼前所見，最終你將能自信十足地落筆，畫出賞心悅目的線條（也或許令人振奮，或令人懼怕，或不管是什麼），同時又能傳神表現所描繪之物。等你企及這種程度的技藝，就可以隨心所欲，在外觀表現上任意揮灑，你創作出來的東西永遠不會了無生機。

只有在嘗試描繪裸體時，我才開始明白難度有多高，又有多重要。眼前有個人裸著身子，平靜地暴露在你專注的端詳之下，你就會明白「人體寫生」（life class）這個詞用得多精準。你看到的正是生命，我們那難以解釋與令人驚嘆的存在之因，值得所有可能的關注和尊重。那就是為什麼大多數人覺得畫其他人、動物或植物和樹木更有趣，而不是人造物品，比方說建築或機械。（當然有專門畫建築或機械的繪圖高手——我懷疑他們是無聊鬼，這肯定是我的愚蠢怪癖之一。）

當我首次嘗試描繪裸體時，我覺得會左右素描品質的，是藝術家投入在眼前事物上的關注和尊重，而不是創意。為了探究描繪對象的真實本質，人應該盡可能提升技藝。

當然，這樣的探究需要有個具體的實物，或者是透過實物所體現的主題——想想哥雅的《戰爭的災難》或他的鬥牛系列。要能讓一個平面變得看起來有趣，也就是說，使其變成能攫住別人注意力、為自己和他人帶來感動和（或）樂趣的創作，自然需要天分——你一定要了解色彩，形式上要能創新，這並不是尋常的能力。但這類創作最主要的條件，似乎反而是極度看重自己。只有極為自負的人，才能產出大量以單一色彩或只有兩三種色彩平塗於畫布的巨大作品，而不會無聊到死。這就是讓我覺得荒謬的那種非具象藝術。其他類型的藝術有時就像出色的室內裝飾一樣，非常賞心悅目，但對我來說，它們並不會抓住人心——不像那種探究、質問、頌揚或攻擊某個主題的作品那樣令人著迷。

雖然我雖然相當喜歡第二次的人體寫生課，但當我意識到只有天天都畫，畫技才可能精進，而即使如此，身為倚重文字而非圖像的人，我頂多也只能提升到插畫家的程度——我放棄了。我擔心，令我失去興趣的，其實是某種虛榮心：一旦確信自己的最佳表現永遠是二流，我的興致就沒了。我有時依然會畫畫自娛，真希望我有精力可以更常作畫，因為它依然是個耗費心神的活動。無論我那微不足道的努力距離藝術家的境界有多遠，我依然很感激那些課程帶來了正面結果：我現在的觀看能力比以前好上許多。嘗試過繪畫的人往往會這麼說，而這正是嘗試繪畫的好理由，即使在晚年也一樣，因為會讓人的生活增添許多樂趣。

第九章

園藝這個活動一直給我極大的樂趣，至今依然。它帶來的喜悅強度不亞於畫畫，但更穩定、持久。年少時期，園藝是雇工會替你完成的事情：我外公外婆家有位園丁領班帶著兩位手下，我家則有一個——起初是全職，後來隨著我們家道中落，逐漸轉為兼職。可是即使是我外婆（她當然不會親手挖土）也很清楚自家花園裡的狀況，也知道工作該怎麼做、為何要做。有些事情她一定親力親為，比方說修剪薰衣草，攤在紙張上乾燥後搓下花朵，收進薰衣草袋，接著跟她的亞麻製品放在一起；用大型銅製針筒噴灑液劑在玫瑰上，對付住在花室裡的蚜蟲（花室是個小房間，她會在那裡的水槽插好要放主屋的花藝，小狗都在那裡睡覺）。她拿來噴灑的東西沒什麼危險，只是一桶用溫水溶解的液態肥皂，而那些玫瑰總是維持良好狀態。孩提時代，我們深愛玫瑰，熱切地留意第一朵綻放的雪花蓮，撫搓三色堇絲絨般的花瓣，也有各自鍾愛的花卉。但那座花園不只是供人觀賞的地方，我們可說是棲居在其中：攀爬花園裡的樹、躲在矮灌木叢裡、在小溪裡撈蝌蚪和蠑螈、偷桃子和葡萄（這是違規的，所以比從枝椏上摘李子和蘋果來吃——這是大人批准的——更刺激）。我們會分配到固定的差事，像是替外婆摘甜豆，以及採集當天要端上桌的草莓和覆盆子。每到季節末尾，這樣的差事會有點變成例行的瑣碎雜務，可是從來不會惹人不快，因為它們總是連結到可口的滋味與氣味、讓人心曠神怡的綠意，我們自然而然將這座花園視為愉悅感官的來源，也是充滿美感的地方。

在我之前，我母親和她的姊妹也是如此（我們家族裡，女性對園藝的關注多過男性）。她們四人都對園藝充滿熱忱、知識淵博，從事的園藝工作比她們的母親還多，因為她們結婚對象的財力都不如她們的父親。不過我成長後，逐漸遠離了童年與她們持續投入的生活。我先去了牛津，再去倫敦，雖然我回老家時，可以欣賞母親耕耘多年的幾座花園，但我只是純粹觀賞，而不是棲居於其中，我也不曾在那些花園工作過。我連拔根雜草或栽下種籽都沒有，因而變得無知起來。有一次，我暫住遷入新居不久的朋友家，她帶我去看疏於照料的花圃裡的一簇葉子，她有意讓這片花圃恢復生機，問我認為它們是什麼。「我想是三色堇。」我說。於是我們將那簇東西分成好幾份，沿著花圃的前側栽下了好些。結果後來才發現，那些三色堇其實是紫菀。

倫敦這棟房子前側有個小花園，後側的花園則比網球場稍大一點，我一九六〇年代早期搬進了頂樓，現在依然很幸運能住下去。我的表親芭芭拉買下這棟房子的時候，後院有一片草坪，沿著草坪一側的長邊有一條相當寬的花壇，花壇盡頭被高起的長春藤淹過，通往草坪的樓梯旁原本還有一片花壇，如今漫生雜草。那條長花壇種滿了依然開花不斷，但枝條盤根錯節的老玫瑰。我表親會定期除草，在她母親的催促下偶爾也會幫忙剪枝，但除了持續除草之外，她放任花園恣意生長，那就表示月桂叢和布滿棘刺的火棘會沿著玫瑰花圃對面的牆壁任意生長，幾乎長到跟房子等高，將花園的大半空間都籠罩在陰影裡。不過，那片草坪有個實用功能，就是作為她年幼孩子的遊樂空間，也是他們放養天竺鼠的地方，而那就是她真正在意的事情。

二十六年前，她因為工作外派到華盛頓去，預計在那裡住上六到七年，我們說好由我找房客來承租房子的下半部，中層則保留給她當時還在牛津的兒子。她離開之前，問我能不能「多少照應一下」花園，免得「被大自然霸占」。隔天早上，我把頭探出臥房窗戶，察看現在已經成了我領土的那片花園，突然且完全出乎意料地搖身成了我母親。「只有一個辦法，」我聽到自己說道，「我一定要把整個地方清空，然後從頭來過。」我真的這麼做了。我花錢請人做吃重的掘土跟修剪工作，以及在前院重新鋪磚，但是植栽全部由我處理，等我親手種下的頭一株植物真的茁壯開花以後，我就上癮了。

長久以來，我晚上和週末多半都在院子裡忙，花園變得大膽創新、多采多姿，但挖土和除草對我而言逐漸太過吃力，於是大約五年前，我將花園重整成比較樸素的模樣，由園藝公司接手，兩週整治一回。雖然乏味，但夏夜坐在裡頭很有撫慰作用——然後我就對它失去了興趣，雖然我依然以那株巨大的白玫瑰為傲，它四處蔓生，蓋住了野山楂樹、木蘭花以及另外三種玫瑰，可是到了那時，我在諾福克已有半英畝的花園要花心思。那是貨真價實的花園，充滿了可能性，花園屬於我表親從她母親那裡繼承而來的小房子，而她慷慨贈予我一部分。她喜歡坐在花園裡，但很高興可以由我負責打理，而在阿姨原本的基礎上繼續耕耘，為我帶來源源不絕的喜悅。

到現在已有一段時間，花園裡的大多數工作都必須假手他人，所以我表親雇了一位年輕人，負責除草和修剪樹籬。我則陸續雇了三個認真的園丁，全是女性，她們的園藝知識都比我多得多，各以不同的方式施展奇蹟。我只能負擔得起每週來一日的幫手，但她們完成了好多事情！前兩位做了大量的建構工作，而我目前的珍寶是一位見多識廣的女園藝師，與她一起挑選在哪裡種哪些植物的時光總是美妙——對我來說，栽種本身是最令人滿足的部分。每次我在那裡，依然會想辦法至少親手做點工作：綁枝、修剪、清掉某個角落的雜草、種下三四株小植苗，不管我完成工作後筋骨多麼痠痛，總是會有精神一振的感受。將雙手探進土裡，舒展根部，讓植物舒服——這種活動令人全神貫注，就像繪畫或寫作，你會跟自己當下正在做的事合為一體，還能從自我意識得到美妙釋放。而且，光是坐在自己的花園裡，將一切盡收眼底，也有同樣效果。

以下是我在貝瑞生病時短暫寫過的日記。當時我已經有兩個月無法到諾福克去，但現在有他的兄弟過來陪伴，我可以抽出一個週末到那裡透透氣。

「終於回到這裡，在雅致的春季裡，水仙已經盛開，還有一些晚點會開。大門邊的日本櫻花是一團蕾絲般的淡粉紅，報春花齊開，木蘭花正要綻放，一切逐漸恢復生機——真是醉人。不管這座花園在夏季多美，永遠不會好過現在，這完全不是我的功勞，而是朵若阿姨幾年前聰明地種下大批球莖，現在適應了生長環境，才擴張成這般規模。今天下午，我久久坐在池塘旁邊，四周布滿水仙，試著告訴自己『人人對美的看法都不同』，這些如星辰般的綠色和金黃生物只是草本生物，為了存續下去，順應自然法則而有了這樣的形貌與色彩，並非為了美而存在，跟蕁麻沒有不同』……可是根本怎樣都不可能這麼相信。或許此話不假，但那又如何！我選擇不去相信，因為水仙花不許我另作他想。」

我依然可以在腦海裡看見那些花朵，安詳地存在，靜靜過著自己神祕的生活。我心知再過幾個月它們就會回來，要是運氣好，我還能再見到它們……是的，自從芭芭拉要我幫忙照看她的花園以來，我的心靈變得富足許多。

第十章

「等我八十二歲，一定要開始考慮放棄開車。」我七十出頭時之所以立下這個心願，是因為某次我回老家陪母親，湊巧有個地方警察[7]（我們那時這樣的地方警察還沒絕跡呢）登門拜訪。我為警察開門，他差點擁抱我，因為很高興能找到一名中間人轉達他那令人尷尬的訊息。他問

7 地方警察（local policeman）指的是以前英國常見的社區警員，也有另一暱稱「bobbies」。英國的警政模式強調與社區協作解決問題，所以通常會認識當地居民，也會定期巡邏，負責小型糾紛、鄰里協調等。編注

我能否試著說服我母親，該停止駕駛了。沒人喜歡當面跟她開口，但村裡陸續有三人向他反應，他們要不是目睹她駕駛的狀況，就是差點成為她開車的受害者，她駕駛的狀況近來變得……唔，他無意冒犯，但變得有點飄忽不定。我傳達了訊息，母親氣鼓鼓地不把它當一回事。六個星期左右之後，我如釋重負地聽到母親宣布：「噢，對了——我決定把車子處理掉了。」

我現在很能體會母親當時的猶豫。雖然開車到處閒晃幾乎算不上什麼「活動」，但對那些行動能力有限的人來說，它是生活的一部分，也是樂趣的來源。嚴格來說，我早該追隨母親的腳步、克服那種遲疑，但我卻沒那麼做。我早該在七十幾歲時就停止駕駛，因為我雙眼的白內障已經嚴重到我再也看不清前三輛車的車牌——其實連前車的車牌我都難以辨識。不過，發下牌照的單位一貫謹慎行事（明智之舉！），因為無法辨別一個物體裡的細節，不代表看不到整個物體。既然我對任何物體是什麼東西或位置在哪裡，不論大小遠近，都不曾有過不確定的感覺，我也就繼續開車，直到眼睛去開刀為止，並不覺得多有罪惡感。

安德烈．多伊奇堅信，價格越高的東西，品質一定越好，自動扛起責任替我安排開刀，還強迫我去看「哈利街[8]那位神醫」。我去看了診，當他把我轉給祕書安排手術預約時，我才想到要問費用多少。她說手術會在倫敦診所進行，到時必須住院兩個晚上，「這樣算起來大概是三千英鎊。」事實上，我考慮去氣氛有點狄更斯[9]，但醫術很不錯的莫菲爾德眼科醫院，那裡的白內障手術細膩精準，而且免費。第一次手術排在午餐時段，我在晚餐前就及時到家；第二次則排在一大清早，我還來得及回家吃中飯。整件事就像是光輝的奇蹟，因為他們假設我懂得現代手

8 自十九世紀以來，哈利街一直都是許多私人診所聚集之地，也住了許多外科醫師。編注

9 意思是看起來像狄更斯小說中的情景或氛圍，亦即一種十九世紀英國醫療院所常有的陰鬱、擁擠、老舊而制度化的狀態，但不等於醫術不佳。編注

術的本質，事先沒告訴我他們不只移除白內障，也會藉由植入微型永久鏡片，矯正在白內障出現以前原本就有的視力缺陷，給我一雙新眼睛。我近視了一輩子，突然間視力好到跟鷹隼一樣，平常再也不需要戴眼鏡，只有在看書時需要戴老花眼鏡。此後，我也聽過兩三個白內障手術出差錯的悲傷故事，但我想起自己的手術時，都由衷感激。

我八十二歲那年想起之前立下的決心，開始考慮是否該放棄開車，但我只想到四百公尺是我腳程的極限，而我開車的狀況跟以前沒有任何不同。所以我決定：「不，時候還沒到。」到了現在，過了六年，我可能應該再想想了。我的雙腿幾乎無力行走，連走一百公尺都有困難。起初是雙腳疼痛——原因很簡單但無藥可救，因為腳底的肌肉逐漸變薄，最後每走一步，你可憐的老骨頭就會往地面擠壓。這麼一來，就會用錯誤的姿勢走路，不久膝蓋就會受到影響，再來是髖部，最後發現雙腿整體來說簡直廢了。如果不靠枴杖這類用品或老天保佑——助行器的支撐，試著靠雙腿走不到幾步，就會直接摔倒。到了這時，你的車開始代表生命。你跛著腳走向車，吃力地將不聽使喚的身體挪進駕駛座——瞧！轉眼恢復正常。你就像其他人一樣飛快駛離、重獲自由，（幾乎）重返青春。我向來喜歡我的車。現在，我愛它。不過當然了，這種越發深重的愛和依賴，除了和雙腿有關之外，也和我在其他方面的衰退同時並行。所以原本拖延的「思考要不要放棄開車」的問題，確實該面對了。寫下這件事的此刻，正好再一個月就是我的八十九歲生日。我不得不承認，就在過去一年之間，車子確實撞出了三道痕跡；過去從未發生這種事，除了我的車平時停在街上，被別人的車碰出的擦痕。

一號傷疤：後側輕微凹陷，我當時準備停在一輛廢棄物收集車的隔壁，結果忽略收集車頂端邊緣往外突出。二號傷疤：不算是真的傷疤，因為只要用手就可以輕易掰回來，不過副駕駛座的後照鏡確實狠狠撞到了什麼，幾乎整個壓平，貼在車側，當時我在一條窄街上，滿滿迎面而來的車輛，我判斷失準，沒在那一側騰出足夠空間。三號傷疤：這個就滿糟的。一條刮傷，還微微凹陷，在駕駛座那側，我深感羞愧。那是一次大塞車的長途車程，結束時天色已暗，我忘了朝海德公園角的方向、經過海德公園飯店後的那個入口早就已經永久封閉，結果轉入公園入口之後，困在一小段路上，盡頭是封閉的大門，兩側停滿了車，中間還有一排擋柱。擋柱之間的間距不寬、光線又昏暗，所以迴轉並不容易，但是我背後不斷有車燈呼嘯而過，無法想像該怎麼倒車出去，於是我不得不迴轉。我幾乎完成迴轉時，感覺到有支擋柱抵在車身。然後我是怎麼處理的？我沒有立刻停車、倒退，改用更大的角度再來一次，而是在想：「要是我繼續轉，車身就會留下難看的刮傷——噢，管他的，誰在乎啊！」然後我就轉過去了。那完全是因為太累的老人家被自己的愚蠢弄得心慌意亂，害自己陷入彆扭的處境。

不過怪的是，我所碰過最糟的事故，發生在同一年更早的時候，但責任不在我——那場車禍嚴重到我為自己還能活著覺得驚奇。M11高速公路在紐馬克特那段的外環道路是三線道，就像大多數三線道的高速公路一樣，慢車道擠滿笨重的運輸車，以不到七十英里（約一一三公里）的時速前進，很少轎車走那條道，所以另外兩條線道上沒有什麼阻礙，車流往往超過應有的速度，時速逼近八十英里而不是七十。我在倫敦和諾福克之間往返的熟悉路途上，沿著中線快車道開心地往前奔馳，並未刻意超車，只是順著更快的車流加快車速，左側跟笨重的運輸車錯身而過。就在我的車頭跟其中一輛大車的車尾齊平時（感謝老天，不是巨獸型卡車），它沒先示意就切進中線車道。我要不是迎頭撞上，就是得緊急轉入外側快車道。我不能說是我做的決定，因為根本沒時間，只是憑著本能緊急轉向。結果馬上就撞車了！有輛在快車道上疾駛的車撞上了我。感覺像過了幾分鐘，但一定只有幾秒鐘，我被夾在兩輛車之間，從這一輛彈跳到另一輛那裡，後來我猜是大貨車踩了煞車，而另一輛車則往前移動。我腦袋閃過一絲「這樣比較好！」的念頭，然後是茫然的驚恐：我的車完全失控了，不管我怎麼轉方向盤都已無濟於事，車子在整條高速公路上橫向打轉，左拐右彎、呼咻，徹底的旋轉，朝路肩衝去——草地，感謝老天是草地，然後我就這樣停在上面，車頭朝著錯誤的方向，而車流持續呼嘯而過。沒有另一輛汽車受到波及。

那輛大貨車並未停下，倒是撞上我的那輛轎車停了下來，駕駛的丈夫回頭走過來（他們不得不往前先開一段距離，才能越過車流、停妥車子），跟我交換地址和保險公司資訊，並表達了關心和善意。等他走到我這裡時，我最大的好運（排在「倖免於難」及「並未引發嚴重連環大車禍」後面）是引來了救護車駕駛和他的同伴，他們從後方駛來，目睹了整個過程。他們不只停下來，還替我叫了警察，然後陪著我，直到警察在漫長的半小時之後抵達。「老天有在看顧你。」救護車駕駛以心生敬畏的語氣說。他也說我處理得很好，但我其實只是死命撐住，忍住不要踩下煞車。那天相當炎熱，車流的呼嘯和臭氣相當可怕，我到現在都無法想像，以我當時震驚的狀態，要是沒有那兩位好心人的陪伴，要怎麼在狹窄的路肩熬過那半個鐘頭。我至今依然很過意不去，因為我當時處於震驚狀態，從沒想過要詢問他們的姓名和地址。

第一位警察抵達之後，我慢慢恢復了拉開距離觀看的能力，事情變得滑稽起來。那位救護車駕駛向警察提供了筆錄，省得我還得勉強試著描述一番，然後警察說他一定要先讓車流停下來，我的車才能轉過頭。（因為沒有正面撞擊，底盤未受損害，依然可以移動，雖說兩側都受到嚴重衝擊，靠近前側的輪胎歪斜了。但後來經過修理，嶄新如昔。）接著警察試著使用他的無線電，但竟然不管用。無所謂，他說，有個同事要來了，然後另一輛警車開了過來——結果另一位警察的無線電也失靈，讓他們兩人非常難堪。可是當第三個警察騎著摩托車抵達，他的無線電也一樣派不上用場，大家才恍然大悟：我們一定正好處於訊號死角。從那時起，整場大戲的每個階段——先攔住車流、再重啟車流、聯絡AA汽車協會[10]（白費功夫——因為他們只處理拋錨，不處理事故）、好不容易找到一家在紐馬克特的公司來拖吊跟維修車輛——全都靠那名運氣不佳的機車警察三番兩次來回。他得先衝到前方最近的環狀交叉路口，再掉頭衝到後方最近的交叉路口，最後再掉頭衝回我們身邊，全都只是為了透過無線電通話，因為他們看來都全心仰賴無線電設備，身上根本沒帶手機。我在那個路肩停留超過一個半鐘頭，拖吊車才抵達，把我送到紐馬克特的修理廠。

到了修車廠，我才意識到身體開始明顯不適：心理的震撼轉成了整體性的身心委靡。修車廠借我代步車，我接受了，因為我距離目的地還有八十幾公里，但我完全不確定自己有沒有辦法開車。我站在那間安靜的辦公室裡，大家把我當成普通客人那樣跟我說話，而事實上我原本該是一具屍體，被困在撞成一團的金屬裡，四周很可能圍繞著好幾副同樣受困的斷氣遺骸或受損軀體。我對自己有這種如此古怪的不真實感覺得抱歉，雖然似乎沒人注意到。

突然間，麥托克女士和她在六十多年前大戰剛剛開打的急救課程浮現於我腦海中：我們村裡的護士體格壯碩（我跟弟弟都稱她為，嗯，大屁股女士），她的任務是帶領村莊進行被進攻的民防準備。麥托克女士總是說，要是陷入震驚，最好的抒解辦法就是甜熱茶……而我受困的這間辦公室角落裡有什麼？是泡茶機，旁邊的紙杯裡裝了小小糖包。他們當然允許我替自己泡杯茶，我加了四小包砂糖——麥托克女士說得對極了！我才喝了半杯，喀答，我就振作起來了。等我喝完整杯，已經覺得自己恢復正常。坐進代步車以後，我小心且緩慢地駕駛，但毫無顧忌。從那之後，那場可怕的事故對我的神經幾乎沒造成什麼影響，我對自己

10 AA汽車協會（The Automobile Association）是英國最老牌、最大的道路救援與汽車相關服務組織之一。編注

說：「我神經這麼大條，至少還可以再開個一年的車。說到底，那些疤痕只留在我的車身上，沒留在人的身上。」

第十一章

當你開始討論老年，就會因為不想惹別人或自己沮喪而遲疑再三，所以你通常會聚焦在老年比較討喜的層面：逐漸理解與接受死亡、持續跟年輕人相處、發掘新嗜好等等的。可是我不得不說，我自己的老年時光有很大一部分花在照料那些更年長的人，或者並非更年長，但卻比我更早向老化妥協的人，有時（更糟）連照料都做不到。因為每個人的老化速度都不相同，可能到了最後，大多數人不是必須看護他人，就是接受看護，雖然前者一定比後者更好，但就連比較好的選項（看護他人）其實也令人不快，我想，我事先並未理解這種感受，而我也並非特例。

或許那只是我個人的反應。肯定有些無私的人喜歡照護別人，對他們來說這是理所當然的事。但我只能代表跟我相似的人說話，對我們而言，照護別人並非如此。

面對貝瑞時，我的這種感受變得鮮明起來——還有，就某種程度來說，在面對我最老的朋友蕑．泰勒時也是，她不久前過世了，我屬於她的支持朋友團體之一，雖然持續了兩年左右，但從來不是全天候的。對貝瑞則是，或者說應該是。

我跟貝瑞在一九六〇年代認識，當時他還是已婚，但巴不得自己單身。不是因為他不愛他妻子，而是因為他對過去一直懷疑、愚蠢地嘗試忽視的某件事變得篤定起來：他的脾性就是不適合婚姻。他痛恨占有與被占有，不只在理論上如此，而是深入他這個存在的每一顆原子。他深信自己不會只因喜歡，甚至愛上其他女性，就削減對妻子的愛，然而當妻子不同意他這個觀點時，他覺得無法跟她講道理，所以不得不欺瞞妻子，而他並不喜歡這樣。其實就是個典型的不忠丈夫，不過他對自己站在正確那一方的信念不是普通強大。他深信，一個人若有一種凌駕一切、非得成為某人唯一摯愛的需求，那就是一種精神官能症的、不健康的，甚至導致諸多弊病的原因。

而我在四十三歲時（比他大八歲），有差不多的感受。我如釋重負地不再投入浪漫愛情，我已如此習慣不結婚的狀態，要我去想像另外一種狀態，不僅困難還意興闌珊。因此，我們兩人在一起時完全沒有考慮婚姻，只是因為喜歡彼此、身體互相吸引，而且對於什麼是優秀的寫作和表演（貝瑞寫劇本）所見略同——我們兩人都最重視清晰和自然。在那些日子裡，我們有聊不完的話題，當他對我說，如果他跟妻子分道揚鑣，他很確定的就是他絕對不會再婚，我記得自己暗暗鬆了口氣：我不需要覺得有罪惡感！知道現在暫時還有人會替他洗襯衫、煮飯，甚至令人感到安心——我可以享受愛情所有的甜頭，但不需要承擔磨難。我感到驚奇，自己在青春時期曾體驗那麼多浪漫愛情的樂趣和紛擾，現在卻很明顯，當個第三者再適合我不過。我們的關係變得越來越堅實，越來越可能持續下去，不過我倆這份深情的友誼，從未演變成執迷。

最後，那場婚姻終於解體（不是因為我，雖然為了方便，我同意被引述為起因），貝瑞準備獨立生活，但力有未逮。我再也想不起來他當初到底是如何又為何搬進我的公寓同住（這點對我們見面頻率的影響微乎其微），可是我想那是在我們不再是戀人之後。對——以乏味到令人不想回顧的方式將記憶片段拼湊起來後，我確定是這樣沒錯。可是因為從戀情慢慢進入穩定的陪伴關係是漸進式的變化，我不可能找出確切發生的時間。

不過，我可以講出明確時間的，是許久之後貝瑞病倒的起點。當時是二〇〇二年一月。其實他之前已經開始有糖尿病的症狀，是老年糖尿病中比較不劇烈的那種，不過起初他沒意識到，而且他碰巧找到的診所醫師對此也輕描淡寫，告訴貝瑞別擔心，因為透過藥物和恰當飲食很容易就能控制下來。他認真聽進去的建議只有「別擔心」和「藥物」。他安慰自己和我，說他只需要好好吃藥，然後將這件事拋到腦後，那就是X醫師說的話。X醫師。有鑑於後來發生的事情，這位醫師、我的出版社和我還真該慶幸，因為我真的忘了她的名字。貝瑞在我們同居以前便已經給這位醫師看診，當時他健康無虞，而且對這位醫師很有好感。而我當時對糖尿病一無所知，只知道如果病情嚴重，病人就要仰賴胰島素注射，所以聽到貝瑞沒必要打針時，我大大鬆了口氣，任他輕忽以對，而我當時並不明白他這樣是愚行。

我當初沒領悟到他的作法有多愚蠢，是因為除了他妻子處理過的一次緊急事件之外，我向來只看過他健健康康的樣子。在我認識他的經驗裡，他連感冒、頭痛或消化不良都沒有過。他對別人的疾病往往抱持過分簡化的態度，「是癌症嗎？」、「他快死了嗎？」、「會痛嗎？」是他必定會提的疑問，要是對這三點都放了心，他就會把整件事拋到腦後。但是我花了點時間才明白，等他自己不得不去看醫生時，他的注意力只放在疼痛的問題上。他對疼痛的耐受度比我認識的所有人都低。如果他覺得痛，就會發狂般地急著要醫生替他止痛。「給我嗎啡！」他會堅持，並認為醫師拒給嗎啡是天大的暴行。最後才發現，這一切的痛苦，都是因為那次有妻子隨侍照料的緊急狀況——腸扭轉。那次是靠他大學時代在劍橋結識、當了醫師的朋友偷偷提供嗎啡，他的疼痛才得到緩解，不只讓他進入幸福的舒適狀態，也治好了他——或者說看似如此。所以現在，只要哪裡痛，他就會討嗎啡，但其他種類的問題他都不願去想。醫師、護理師或任何人開始給他飲食相關的建議，或解釋除了單純止痛之外的治療辦法，他就露出明顯的關機狀態。他內心有什麼做了決定：「這是很無聊甚至討人厭的建議，所以我不打算聽。」就這樣，沒得商量。

他的輕鬆日子並未維持多久。二〇〇二年一月初，X醫師就送他到皇家弗利醫院針對陰莖進行某種小小治療，兩天後，他的泌尿系統失靈了。我不會描述這過程，讀者對這點應該覺得感激。我們飽受折騰，半夜得搭救護車趕到急診部，在那裡等候四個小時，貝瑞越來越痛，最後才有一位醫生現身並替他接上導尿管……出於複雜的因素，導尿管必須留置三個月，然後前列腺才能接受簡單的手術，終止那個特定的問題（並非癌症）。接上導尿管的人沒多久就會知道，基本的不適和羞辱是最輕微的小事，因為痛苦的感染會經常發生。我們不久就悲慘地習慣搭著救護車去急救、在急診部度過陰鬱的時光，但是最駭人的莫過於等院方終於聯絡他去動手術時，卻在最後一刻因為他的心臟無法承受而取消（這個理由後來幸運但神祕地消失不見），關於接下來會如何，院方沒給任何說明就要他回家。我無法從醫院取得任何資訊，走投無路之下打了電話給X醫師，問說：「可是難道他下半輩子都要一直靠導尿管嗎？」針對這點，她回答：「可憐的貝瑞。有時恐怕就會這樣。」

幾星期後我們得知，關於貝瑞的治療，院方寄了封信給X醫師，她放在辦公桌上遲遲沒開。到底是怎麼回事，我們一直查不出來，但就我們看來，她（我們唯一的希望）在逐漸消失。有一段時間，我到她的診所去領貝瑞的糖尿病藥物，都是很快就拿到——甚至有一小段時間，我還想著，比起我自己醫師的診所，這間診所還真好，從來無須等候，我卻從沒問過自己，為什麼除了我之外，那裡幾乎沒有其他人！如果有人需要看診，答案會是：「X醫生今天不在，也許你明天下午再過來看看。」如果你問能不能改讓她的夥伴看診，答案會是：「他恐怕出診去了。」就這樣持續下去，直到有一天答案以聽來歇斯底里的尖叫說出口：「這間診所沒有任何醫師。」這時，我才能夠說服貝瑞，他找我的醫師看診可能會比較好。只是就算這樣，也沒辦法讓他的手術進度往前一點。

三個月搖搖欲墜的國民保健署服務加上X醫師，我跟貝瑞終於淪落到僵屍般的狀態——比起一般長者，我們都算足夠警覺，消息靈通。那些比較弱勢的長者會經歷什麼事，只有天知道。我們不再相信做什麼或說什麼會帶來任何幫助。沒人會跟我們透露任何事情，如果他們說了什麼而我們直接買單的話，就是傻子。所以我們陷入了毫無作為的狀態，只是慘兮兮坐在原地等待，誰曉得在等什麼。拯救我們的是親愛的莎麗。她來到倫敦，打電話到那位主治醫師在哈利街的診所，替貝瑞預約了私人門診。我的天，兩百二十五英鎊可以帶來的改變！原本由一群白袍人保護、總是消失在走廊遙遠角落的神祕身影，成了一個令人愉快跟安心的男人，準備以清晰的解釋回答我們所有的疑問。不、不、不，貝瑞當然不會永遠接著導尿管，那種狀況幾乎不會發生，而他確定在這次的案例裡也不會。之所以會延遲，只是因為要進一步跟心臟專科醫師會診，他才會安排手術，也才能決定要用一般麻醉，還是硬膜外麻醉。心臟專科醫師恰好度假去了，要再三個星期才會回來。直到看診結束、回到家後，我才想到那樣的度假時間也真是久得出奇。跟主治醫師面對面時，醫師把我們當成理性的成人好好回答我們的提問，我們的感激之情就強烈到不再像理性的成人。疾病的羞辱深入骨髓：我們的僵屍狀態並未停止，只是一時變成了開心的僵屍。

三個星期變成了將近五個星期，真是漫長的星期——漫長到包括了不安的去電（主治醫師宣布他明天要開刀時，暴躁地補充：「**反正**我明天本來就要開刀，跟你們之前打的那些電話沒關係。」這立刻讓我覺得肯定就是有關係）。手術相當成功，雖然傷口花了好幾個星期才痊癒，另外還有幾次感染得要克服。不過貝瑞自此不曾再恢復健康。

這一切發生時，我做了從未做過的事。我寫了日記。一寫就一大段，但中間有長長的間隔，不是天天寫，所以比較像是回顧，而非一般的日記。比起我現在能寫的任何東西，這份日記更能映照我們關係的演變。

跟貝瑞初初交往的時候，我不記得是否曾經對自己這麼迅速、積極地又跟已婚男人來往而有過顧慮。我想我可能有。可是我可以清楚憶起，當時讓我備感安心的，是他有個善良能幹的妻子照料他，這樣我就不用替他操心。瑪麗將他趕出家門之後，他最後搬來跟我住，「無須照料」這點並沒改變多少。到了那時，我們在性愛上的激情已經冷卻下來，比起我，他對「已婚身分」也更不熱衷，於是我們以更像朋友的身分決定共享一戶公寓，而不是成立家庭。比方說，從來沒有我替他洗衣的問題，他總是隨時準備分擔下廚的工作。最近幾年，他的怪癖開始明顯起來，有時甚至到了有點惹人嫌的程度，而我肯定也是如此，我們必須做的只是和緩地更加各走各的路，所以我們的關係從來不會令彼此透不過氣。我想，我們頭八年左右的關係如此令人愉悅、毫不費力，這樣的關係一定相當罕見。然後這種毫不費力的狀態竟然還令人滿意地持續了接下來的四十多年！

然後，就是這個前列腺的問題。雖然不必照料他是我根深柢固的習慣——但有人的泌尿系統失靈了，你就是不能坐視不管。從那個必須撥999叫救護車的可怕夜晚開始，我們就被拋入了不得不照料的處境。

有趣的是，我發現，雖然必須花這麼多時間替他做事或為他操心，讓我覺得沮喪，但我內心深處不曾片刻質疑這有其必要。這種沮喪感雖然相當真實，卻是在表面上的，但表面底下有個甚至未經思考的什麼：該做的就要做，天經地義。

我對這種事情的接受度讓我自己最為震驚：在其中一次急診住院期間，貝瑞有了便祕狀況，主因是當時的導尿管並不好，害他只要稍受刺激就會發生痙攣。這讓他害怕，於是他很不願意動——結果造成了阻塞。最後院方給了他瀉藥，我那天下午抵達時，有位護理師說：「我一直勸他去上廁所，可是他堅持要等你來。」我一走到他床邊，他就說：「感謝老天你來了，我終於可以去上廁所了。」（在此我省略幾行細節過多的描述，跳到快結束時的場景。）幸好廁所裡有充足的衛生紙，也有附蓋的大型垃圾桶可以丟，還有充足的熱水：要把他、馬桶和地板清洗乾淨並不困難。讓我驚愕的是，我並不介意做這件事。我沒有退縮，也沒有嫌惡的感覺——我似乎以公事公辦的態度看著自己，沒有任何勉強之感，就像專業護理師。可是同時我也感到意外。事實上，我到現在都還覺得意外。不是因為做了這件事，而是因為不用特別勉強自己去做。（貝瑞回到病床上時，他說幸好我來了。我尖酸地回答說，他明明可以早點跟護理師到廁所去，結果他竟然回答「是沒錯，可是不會這麼愉快」！！！」）在那之後，我意識到過了這麼多年，我已經代入了妻子的角色。認出這一點時，我想，既然開心享受了那麼久的豁免權，也許現在該要接受日常的磨難了，於是不再那麼在意失去「走自己的路」的狀態。但是老天，只要能遁入那個狀態，簡直是極樂啊。

自動代入妻子角色也好，因為從那之後我就不得不維持在那個狀態裡。貝瑞的前列腺問題雖已解決，但他的糖尿病惡化了，所以不久他的治療就必須加入胰島素注射。讓我鬆口氣的是，他願意自己注射，不過那些針劑從來都沒讓他覺得比較好。多數糖尿病患者一旦決定好治療方向、學會管理自己的飲食，似乎都能過上正常生活，可是貝瑞，也許是因為拒絕努力吃對的食物，永遠都覺得筋疲力盡，幾乎離不開床鋪。而我（這讓我湧起陣陣的罪惡感，但我的罪惡感又沒有強到讓我採取更多行動）發現無法用鐵腕手段來控制他的飲食，這不只意味著必須頻繁下廚，還必須逼他吃他不喜歡的東西，沒人辦得到。至於阻止他吃他喜歡的東西……我自然會避免購買蛋糕、甜餅等等的，而這個臥床不起，為了持續有書可讀、一週得找人載他到圖書館三四次的男人，會在我一出門時就想辦法去店裡，毫不遲疑地買下糕點或甜甜圈。只有在血糖值飆破天花板、身體真的很不舒服時，他才停止這種愚行。然後他會保持理性，直到血糖值稍稍好轉（從來都沒有很好過），接著就會重蹈覆轍。要他戒掉高脂肪食物、不要把大量雙倍鮮奶油加進咖啡，根本辦不到。但我從莎麗和她女兒潔西身上得到些許慰藉，因為他們對貝瑞的認識跟我一樣深，同樣控制不住他，並向我保證我也無能為力，但我依然忍不住覺得自己並未善盡「妻子」這個角色。

我們主要的問題，是他所謂的「虛弱」——他所承受的那種可怕的精力流失感，這種虛弱的影響如此之深，讓他幾乎對一切都失去了興趣。這名聰慧的男人現在除了犯罪小說，什麼都不讀，而且從沒讀完一整本。在圖書館，他會從架上隨手抽起五六本這類的書，隔天就會想要全數歸還，因為（想也知道，還真意外！）他根本「讀不下去」，可是如果你給他別的，他會說他「懶得看」。除了運動賽事，電視上的任何節目他都「懶得看」，而且看得越來越少：現在我一踏進他房間，便會發現他背對電視躺著，而電視還開著。他不再主動聊天，別人企圖開啟對話時，他只用單一音節來回應。日復一日，他除了對我說「我們晚餐吃什麼？」以及「能不能載我去圖書館」之外，沒有別的話。這就表示他剩下的唯一樂趣是食物，於是，剝奪他喜愛的食物感覺很殘忍，我偶爾無法不覺得，這樣嚴重萎縮的人生如果因為吃甜甜圈而縮短，又有什麼關係？[11]

二〇〇六年夏天，貝瑞短暫恢復了原本的狀態，當時皇家宮廷劇院（Royal Court）在樓上劇場（Theatre Upstairs）推出了一整季的讀劇表演，內容是一九六〇年代期間讓他們名氣鵲起的劇作，其中也包括他寫的《逃學者》（*Skivers*）。這場讀劇由潘姆．布萊登執導，她也是這齣戲最初的首演導演，而皇家宮廷劇院的選角指導找來了一群優秀的年輕演員（這齣戲的大多角色都是中小學男生）。雖然我們對這件事感到興奮，但完全不曉得該懷抱什麼期待，結果節目極為精采——幾分鐘內，全部的觀眾就忘了自己看的是讀劇，還以為自己眼前是一場精采完整的戲劇表演，真是個美妙的驚喜。觀眾的熱烈反應正是劇作家夢寐以求的，最後貝瑞不得不上台向所有相關人士表達感謝，哽咽著說（他看起來如此矮小、老態龍鍾）：「我從來、從來沒料到我會再看到這齣戲。」全體觀眾起立致敬。我和莎麗都哭了，潔西和小波從沒看過貝瑞寫的戲，也狂喜不已（「這是我看過最棒的戲！」潔西不停地說），還有表演結束之後在酒吧的慶功派對，這場老友的聚會亂糟糟，歡樂無邊。但是當我在回家路上的計程車裡問道：「你想這會讓你再提筆創作嗎？」貝瑞平靜地回答：「噢，不，沒辦法。」確實如此。

我們的生活又回到悲傷和無聊參半的狀態。我有時自問，到底是什

11 寫完這個以後發現，除了糖尿病外，他還有嚴重的心臟問題。原注

麼，讓我——以及無數和我處境相似的年老配偶或類似配偶的人（我確定有），持之以恆地履行照護工作？我可以想到的唯一答案以隱喻形式出現：在一株植物裡，根部和莖幹頂端的花朵或果實表面沒有相似之處，但都是同樣東西的一部分，而在我看來，從愛裡生出的義務，不管與它們的根源有多麼不相似，終究也是同樣東西的一部分。如果不是這樣，又怎會儘管如此不受歡迎，卻依然產生這麼順理成章的約束力？在這些處境裡，人不是在選項當中做出選擇，因為看來並沒有其他選項。也許有些美好無私的人（他們確實存在）會從做好這件事當中取得滿足感。如果你是個自私的人，就會一邊持續做這件工作時，一邊想盡辦法安排各種逃避和補償。這並不是個令人讚賞的解決辦法，但我想，老人當中不是只有我會訴諸於逃避和補償。

第十二章

我的逃避方式就是投入園藝、素描、陶藝以及我最常使用的一項，書籍：閱讀書籍、寫書評，或寫書（這是這項活動的新用途）。我說「新用途」，但只有對我而言是新的。我這陣子正在讀珍妮．厄格羅（Jenny Uglow）寫的蓋斯凱爾夫人[12]生平，如果說，有人將寫書這個方法運用得淋漓盡致，非她莫屬——她運氣好在天生就擁有至少應付十個人的精

12 伊莉莎白．蓋斯凱爾（Elizabeth Gaskell, 1810-1865），英國小說家，首部小說《瑪麗．巴頓》描寫工業崛起與社會變遷下的各階層生活樣態，有「工業派小說家」之名，與同時代作家狄更斯、夏綠蒂．白朗特交往密切。她最知名的作品為《北與南》。編注

力。她心甘情願，甚至快快樂樂地接受婚姻和母職的諸多義務，並靈巧地閃避其中的難處，藉此存活下來，而她丈夫或女兒從來沒有抱怨的理由。可是不知怎的，她成功地在極為忙碌的生活裡清出了純粹屬於自己，亦即她寫書的空間。也或許，這跟清出空間比較沒關係，而是有能力全神貫注在想做的事情上，不管有什麼空間可運用，也不管空間多麼受限。怪的是，她常常被視為平凡乏味的人物，但事實上她的活力耀眼極了，這個特質真教人羨慕。精力逐漸削減，正是老年最無趣的事情之一。偶爾會有一天似乎恢復了精力，讓你忍不住覺得自己「回復正常」，可是這種狀態從來不持久。你不得不接受自己能做的減少了——或者說，不管你在做什麼，都比以前更常需要休息。以我的例子來說，我減少的，恐怕往往是我對伴侶應盡的職責，而不是我個人私下的嗜好。

我最常為《文學評論》寫書評，雖然稿酬不足以支付家用帳單，可是相當愉快，因為正如蕾貝卡・威斯特（Rebecca West）曾在《巴黎評論》訪談中說的，寫書評「會讓你對那本書真正敞開心房」。它也將我推向我原本可能不會閱讀的書籍。比方說，弗列德里克・布朗（Frederick Brown）那本福樓拜的傳記磚頭書——要是我去逛本地書店（很高興的是，那家書店並沒有「掙扎求存」的跡象，大家都說現在這類店家營運狀況普遍不佳），我可能會覺得「有趣是有趣——但好厚一本，我的書架上連薄一點的書都擺不下了，而且我對福樓拜也已經認識不少」，然後便轉向其他的平裝本新書，這麼一來，就會錯過一場閱讀饗宴。而且儘管熱愛芙瑞雅・史塔克，並理所當然覺得勞倫斯上校的作品值得拜讀，即使我並不那麼喜歡他——但為什麼我以前從來不會想要讀葛楚・貝爾寫的書，或關於她的作品？[13]我想，理由說來有點令人愧疚，單純

13 芙瑞雅・史塔克（Freya Stark, 1893-1993）、勞倫斯上校（T. E. Lawrence, 1888-1935）、葛楚・貝爾（Gertrude Bell, 1868-1926）三人都是英國在中東地區重要的情報人員，也是旅遊冒險家與作家，前者活躍於兩次世界大戰之間與二戰期間，比後兩者稍晚一個世代。編注

只是因為她的名字。葛楚：這兩個音節就我聽來滿醜陋的，總是會喚起憂鬱過時、惹人厭的女性形象。要不是因為《文學評論》要求我寫評論，我確定我永遠不會找喬奇娜．豪爾（Georgina Howell）寫的貝爾傳記來看——突然間，那位與眾不同的女子便浮現眼前，跟著她深入世界上最神奇的區域之一，也就等於穿越一段驚心動魄的近代史。直到之前我竟然都還對她一無所知，真是荒唐，但活到八十九歲，透過什麼的驅使或引導而發現了她，實在妙極了！

（如果讀者可以原諒我進入老年人的東拉西扯，我也無法解釋為什麼那個名字會喚起惹人厭的過時感，因為我生活中實際認識的唯一一位葛楚，就是我的姨婆葛蒂，而她散發的氛圍不是過時，而是摻雜著喜感的悲劇，可憐的女人。她是牛津大學大學學院〔College University〕校長布萊特博士的四個標緻女兒之一。布萊特博士這位鰥夫在妻妹的協助下，從歷年經手過的大學生裡替女兒們挑出了適合的丈夫，整體來說相當成功。但是到了葛蒂……唔，她墜入愛河並訂了婚（不然就是差點訂婚）的對象並不是大學生，而是父親任職的大學中的青年院士。有天早上，女僕敲了敲校長書房的門，宣布樓下有位女士帶了個小男孩，要求跟他會面。「帶她上來。」校長說，女僕也照做了。那位女士一進門，就從暖手筒裡抽出手槍，對他開槍。「幸——幸——幸好她擊中的是我的側——側面」，他後來跟一位同事說（他的口吃還滿出名的），而他的圓胖的身軀只是受到擦傷，並未被子彈射穿。結果發現，那位女士是那名青年院士的妻子，或者她自認該是。事隔多時，某位長輩才壓低嗓門轉述給我年紀最大的表親聽，又經過很久一段時間之後，那位表親才告訴我們其他晚輩，所以細節變得有點模糊。但我從那時便得知，這起事件在那所大學的校史裡相當出名。那肯定是個可怕的震撼，但葛蒂及時恢復過來，嫁給了一位主教。雖然我外婆和她的另外兩個姊妹給我一種自在自信的印象，但在我眼裡，葛蒂總是給我一點脆弱、吹毛求疵的感覺。）

回到書本這件事。有件事令我困惑，我相信有不少老人家也跟我一樣：我對小說失去了興趣。年輕時，我幾乎只讀小說，從事出版整整五十年的歲月裡，我主要的興趣是小說，所以最能讓我心花怒放的，莫過於才華洋溢的小說家處女作。當然有很多小說我一想起來就心生感激，有些則心懷敬畏，還有些小說我則相當欣賞、讀來也愉快——可是這些日子以來，一次又一次，即使我知道有些作品寫得不錯，甚至頗有樂趣，或是手法高明，但我才讀沒多少就會自問：「我還想讀下去嗎？」而答案是「不想」。

小說可以用幾種方式勾住讀者：提供逃遁的空間，讓人體驗驚悚刺激和（或）異國風情；提供有待破解的謎團；提供白日夢的素材；提供你自己的人生映照；揭示其他種類的人生樣貌；以奇幻形式提供替代選項，而這選項有別於可辨識的現實人生。小說可以設定成逗你笑、讓你哭、讓你驚奇得倒抽一口氣。或是，在最好的狀況下，可以帶人進入狀似真實的世界，讓人在其中體驗所有的感受。我清楚記得自己頭一次讀《米德鎮的春天》，快讀完時我感覺：「噢，不，我就要離開這個書中的世界了，我不想！」

我對驚悚、推理或奇幻向來不大熱衷，可是年少時期，我有好一段時間大量閱讀白日夢式的小說，然後才前進到「完整世界」式的作品——直到現在，這類小說依然是我偏好的類型，如果找得到的話。不過在一九五〇和六〇年代，我突然轉向多少能夠反映我自身生活經驗的小說。如果某部小說仰賴跟我不同的那類人認可，我就不想碰——比方說，安潔拉・瑟奇（Angela Thirkell）的作品就像是給某類我並不敬重的中產英國女性的迷幻劑。不過瑪格麗特・德拉布爾（Margaret Drabble）——當韋登菲（Weidenfield）出版社把瑪格麗特・德拉布爾簽走的時候，我很生氣，她惟妙惟肖重現了我所熟悉的那類人物和處境，我不只渴望閱讀她的作品，也想出版她的書。「NW1[14]小說」當時似乎很新穎，有好幾年時間都是我最熱衷的閱讀類型，這類作者的觀察特別精準，我很享受其中描寫的愛情韻事，或其他人際關係裡的每一刻。不過最終，這類小說似乎後繼無力，我逐漸失去了興趣；或者說，我失去了對它們的接受度。它們想告訴我的，讓我覺得無趣，因為我對內容瞭若指掌。現今有不少小說主要依然聚焦於我四周那類女性的愛情生活上，那就表示，市面上現有的小說有很大比例都讓我覺得乏味。

幸好那種與自身生活大相徑庭、卻能讓人親歷其境的小說不會如此。比方說，奈波爾或菲利普・羅斯的作品。但以上的觀點並不適用於文學巨擘上：托爾斯泰、艾略特、狄更斯、普魯斯特、福樓拜、特羅洛普[15]（對，我把他列出來，因為我認為大家嚴重低估了他）。他們如此罕見，因為他們是不同種類的人，就像音樂天才那樣——他們擁有超凡的想像力，形容為詭異也不為過。偶爾，當代小說會有所突破，進入他們的領域。我會說，大衛・福斯特・華萊士（David Foster Wallace）在《無盡的玩笑》裡辦到了，雖然他的東西讀起來有時很累人；瑪格麗特・愛特伍經常能在那片領域站穩腳步；派特・巴克（Pat Barker）憑著她描寫一戰的系列小說亦然；希拉蕊・曼特爾（Hilary Mantel）則以她的《更安全之地》絕對辦到了（真有膽識——以羅伯斯比爾、卡米耶・德穆蘭和丹東的立場[16]處理法國大革命！）。

當然了，有些小說家，不管他們寫哪類東西，你還是會愛上他們的心靈——對我來說，是契訶夫、瑟巴爾特（W.G. Sebald）和艾莉絲・孟若，可是我並不打算分析這三位迥異作家的吸引力，因為需要在別類書籍另

14 North West 1是指倫敦西北區的郵遞區號，NW1小說的背景往往聚焦於六〇至七〇年代倫敦某些中產知識分子的生活圈。瑪格麗特・德拉布爾的作品即為代表之一。譯注

15 安東尼・特羅洛普（Anthony Trollope, 1815-1882），英國維多利亞時代長篇小說家。編注

16 羅伯斯比爾（Robespierre, 1758-1794）、卡米耶・德穆蘭（Camille Desmoulins, 1760-1794）與喬治・雅克・丹東（Georges Jacques Danton, 1793-1793）是法國大革命初期推翻波旁王朝、推動共和體制的核心推手，但在革命後期，因對暴力與權力的立場分歧而分道揚鑣。編注

關三章才寫得完，況且我是讀者而不是評論家，即使我想做，可能也辦不到。所以，對小說「失去興致」並不表示我不認為有能力創作小說是個令人羨慕的美妙天分，只是邁入老年讓我變得愛挑剔，就像胃口變小的人，只會受到罕見的精緻美食所吸引。那份挑剔並未延伸到非小說，因為非小說的吸引力跟主題本身的關係更大，而不是作者的想像力。

我已不再覺得有必要思索人類的種種關係，尤其愛情，可是我依然想要接收事實、獲取素材，以便拓展可供心思倘佯的領域。而讓我心生感激的那類書籍，也許最棒的例子是我對工業革命早期的理解被三本——不，是四本書擴大了。

頭一本是《萬魔殿》（*Pandaemonium*），是漢弗萊．詹寧斯（Humphrey Jennings）耗費多年蒐集的素材，他死後多時才出版，副書名為「機器的到來，當代觀察者的一六六〇—一八八六見聞」（*The Coming of the Machine as Seen by Contemporary Observers, 1660-1886*）。這本精采作品是他女兒瑪麗路在查爾斯・麥基（Charles Madge）的協助之下全心投入，彙編而成。內容多元得驚人，文本品質相當高，加上素材整理的方式，會讓心靈產生令人上癮的興奮感。我讀的時候完全停不下來，也讓我深切意識到，發現和成就越來越以營利為導向時，原本帶來的喜悅會導致悲劇性的結果——最初的理想主義傾覆了，陷入貪婪和髒亂。（我們在一九八五年出版這本書，但沒售出多少冊，所以現在很難找到。我強烈建議你去找一本來。）第二和第三本是傳記，是布萊恩・多蘭（Brian Dolan）撰寫的約書亞・韋奇伍德（Josiah Wedgwood）傳記以及他編纂的達爾文書信集。韋奇伍德的人生如此鮮明地示範了那個歷史時刻，當時人們突然領悟到，他們透過科學和科技，發現了通往偉大事物的「芝麻開門」通關密語……通往偉大和美好的事物，韋奇伍德和他朋友湯瑪斯・賓利、喬瑟夫・普里斯利和達爾文之所以這麼堅信，是因為啟蒙一定符合道德與智性。韋奇伍德在相對而言頗為短暫的人生裡，將單純的陶藝貿易變成了炫目的產業，首先他先發掘了自己內在的科學家，再來（這就是他的故事這麼動人的原因），他相信重點就在於把事情做到最好，而這點勢必會導向成功。他相信對勞工來說，科技進步只會帶來好處。在他死前不久，有些預兆確實開始讓這個單純的願景模糊起來，不過不可能不羨慕他生活在那種充滿希望的風氣裡。而達爾文的書信，特別是他年少時寫的那些，展現的不只是他正在發展的天賦，也包括連最平凡的人如鄉下醫師、神職人員、鄉紳、工匠等，他們的人生都因為科學的漣漪而受到攪動，到處都有人監聽岩石、蒐集貝殼、解剖植物、觀察鳥類。這份想藉由科學觀察來學習的熱忱，提供了湯瑪斯·貝維克[17]茁壯發展的氛圍，他的人生故事由珍妮·厄格羅來敘說，成果只能說是完美無缺——這就是我的第四本書。

貝維克在世時，對當時所謂的「現代」並未以多麼積極的態度支持。他恪遵傳統的木刻技法、痛恨圈地制度，比起他年老時垂手可得的火車旅程，他更偏好年輕跟中年時的超長途步行。不過自然學家的天賦與藝術家的才華為他帶來了名氣，因為這些東西正好回應了當時所謂「現代」的需求，而在私人生活中，他也會跟其他工匠同行熱切討論科學和政治的新發展——這些教育程度不高的男人常常聚集在俱樂部或辯論社團，例如新堡的「文學與哲學協會」（簡稱「文與哲」，貝維克亦為成員，而該協會至今依然存在），他們身上萌發的創意和思想活力，正是這個多產時代的典型現象。厄格羅以如此細膩的寫法與如此豐富的細節，將這位熱情、易感、古怪、可靠，整體來說討人喜愛的男人寫得栩栩如生，到了書末，她顯然很不想與書中主角告別。

我從許多非小說書籍中得到不少收穫，願以這四本書作為代表。能夠有這樣的好書為伴，讓人的心思得以稍微拋開自我去度個假，真是令

17 湯瑪斯·貝維克（Thomas Bewick, 1753-1828），英國木刻畫家與自然史作家，為《伊索寓言》刻畫插圖，並以木刻技法創作出知名的《四足動物史》、《英國鳥類史》等作品。編注

人心曠神怡。

另一種閱讀在老年人當中很常見，我也常沉浸其中，那就是回頭重讀自己最愛的老書。這往往是純粹的樂趣，但有時也會讓我領悟到，即使是現在那種平凡無奇的小說，都比我年少時期的小說更為老練與有趣，更別提在第一次世界大戰之前風靡一時的小說——那些是我父母年輕時購入的，我開始脫離童書時，那些書還留在我們家的書架上，所以我當時也讀了，還讀得津津有味。我們家族每個人都熟悉且熱愛經典，但想當然耳，他們最常閱讀的，等同於現今在文學版面上會獲得評論的作品，範圍從真正優秀的書籍，到舒適的英國鄉間中產階級家族小說（Aga-saga），或像《BJ單身日記》類型的娛樂讀物，其中有些還在我經常去度週末的那棟諾福克房子裡。我時不時會抽出一本，只是為了重溫過去，最後卻不確定我感覺到的是沮喪，還是被逗樂了。即使是當中最棒的作品，讀起來也很呆板、冗長、描述過度（關於剪接，我們從電影裡學到真多！），至於其他呢，就是些幼稚的胡扯——往往都是如此。

十九世紀末，以及二十世紀戰前年間，「歷史」浪漫小說非比尋常地流行起來。其中有些因為豐沛的想像力和說故事的天分而得到拯救，比方說，由大仲馬、萊德．海格德（Rider Haggard）寫的書——不過我之所以喜歡海格德，也許只因為他是「我們的人」，海格德一家是我祖父母的鄰居，所以我們會跟他的孫子一起參加派對，而在多數的主日，我們都會在教會聽萊德爵士朗讀聖經的教誨（非常有戲劇性——他描述沙得拉、米煞、亞伯尼歌在熊熊烈火的窯裡，在我的記憶裡歷久彌新）。但是，這波風潮也孕育出不少次要作品，像是傑佛瑞．法諾（Jeffery Farnol）的書，他偏好的篇章標題是「我如何以及為何跟一個嘮叨的笨蛋小販交戰」或「我開始欣賞羅馬神話黛安娜女神的種種優點」；又或是凱梭夫婦（Agnes and Egerton Castle）合著的《青春早知道》（*If Youth But Knew*），底下就是典型的段落：

「什麼事物，」提琴手對著自己的提琴說，就像昔日的宮廷小丑對著自己手中的小玩物說話那樣（他的說話方式奇特，所以大家都叫他瘋子）——「什麼事物，親愛的，是我們今晚不能聊一聊的？我們不是受到罪人的束縛嗎？春天對去年初生幼鹿的呼喚——夢境的呼喚，而那場夢境只出現在作夢者人生的一天，而且在黎明之前——是多麼美妙的歌曲？如夜晚一般純潔和平靜，但微微顫動；暗影，只是暗影，但好似火焰；闃無人聲，無形無狀，無從觸摸，但迷人的程度勝過太陽所能照見的一切，勝過雙臂所能擁住的所有美麗，勝過耳朵所能聽聞的所有樂聲……噢，青春！噢，愛情！」提琴手嘆了口氣，從琴上拉出一聲長長的回音，呼應那聲嘆息。

在這些小說裡，年輕女人被稱為姑娘（maidens），任性但純潔，時而桀驁不馴，但若真如此，最終也絕對會在顫抖中向一名青年臣服，這名青年一開始可能固執己見，但到了緊要關頭，卻能證明自己的品德出奇高尚。而這對佳偶很可能會邂逅一名獨特的流動補鍋匠或遊唱樂手，或這類人物，而對方總擁有苦中作樂的無盡智慧。男女主角出身貴族，至少是仕紳階層，雖然出身名門，但仍與農民或那些補鍋匠相處融洽（常見的手法是讓他們偽裝成地位較卑微的人，這樣就能製造誤會，以及後來的真相大白）。這些書籍可謂公然對階級表達敬意。英國的小說依然是中產階級的產物，但已不再像當時那樣愚蠢。這些荒謬的小說，過去會讓聰明伶俐的成人（以及青少年時期的我）愉快地享受其中。如今，我和許多老人家都受夠了這些還過得去的小說，但誰曉得百年之後，大家會怎麼看待它們？也許到時會證明我們想得沒錯。

我之所以如此仰賴閱讀，是因為我從沒養成看電視的習慣。我連電視都沒買過。一九六八年，有個曾替我打掃的婦人送了我一台，因為那台電視在關鍵時刻會開始出現扭曲波紋，她打算換一台沒那麼煩人的。

有幾個星期，我每天晚上都在看電視，總是希望接下來出現在螢幕上的畫面會很美妙，但從來沒有。所以我把電視收進房客的房間，而它還在那個房間裡，那裡現在是貝瑞的房間（或者該說，是那台電視的後繼者——貝瑞陸續換過幾台），我只用來看溫布頓網球錦標賽、德比賽馬，或是老虎伍茲出賽。我以前也會看賽馬障礙賽，但後來不忍再看，因為會有馬匹喪命。（雖然我年輕時很強悍，但現在無法再看到任何形式的殘酷；若是描寫得很生動的殘酷內容，我連閱讀都沒有辦法，即使是我深感佩服的威廉·達爾林普〔William Dalrymple〕的《最後的蒙兀兒》，我也沒辦法整本讀完，書裡描述一八五七年德里的毀滅，是一本精采且重要的著作，因為他在書裡記錄了不少駭人聽聞的事。每日新聞裡固定會有的可怕事件則是另一回事，我不得不對那些事情有所認知，雖然我盡可能不讓心思在上頭流連。）大家常常會討論電視節目，只要碰到這種狀況，我總是尷尬萬分、不知所措。報紙有不少篇幅專門寫電視，就我讀來都是無意義的胡言亂語。可是雖然我知道這種無知並沒有什麼好得意，但我不得不假設我心靈的某個愚蠢部分似乎與之有所連結，因為這種毛病我一直治不好。回頭去聽廣播，比起買台電視更容易想像。我曾經頻繁地聽Radio Three[18]廣播電台，因為對音樂感到飢渴，但現在聽力障礙將大多數音樂扭曲到醜陋的地步，所以我已經放棄了它。不過，要是哪天變得無法閱讀（但願不會發生這種事），我想Radio Four[19]就會是我的及時雨。我紐約一些親愛的朋友差點準備為了Radio Four搬來倫敦。

18 英國廣播公司BBC的第三電台，主要播放古典音樂與高文化節目。編注
19 BBC的第四電台，以時事、紀實、劇場與文學節目著稱。編注

第十三章

我逃遁其中的活動，大多是平凡小事，之所以變得更有價值，是因為我老了——心知自己再享受也沒多少時間，於是越來越密集地投入其中。不過，老年最棒的部分就沒那麼平凡了，之前如此，現在依然，而這完全跟幸運地發現自己能夠寫作有關。我想我沒辦法像我朋友蘿絲・哈克那樣持久地寫，她在一百歲時是英國最年長的報紙專欄作家（她替《肯頓新聞》寫稿），不過看來，等我過九十歲生日（如果能活到那時！），也仍會保有寫作能力，而我對這點有多麼感激，實在無法用筆墨形容。

這點讓我很意外，而且出現兩次都是如此，此事之所以看來非比尋常，是因為大部分作家似乎都在人生滿早的階段就明白寫作是他們的職志。我從童年初期就知道自己熱愛書本，少女前期則喜愛寫信，朋友們都認為我寫的信很不錯，但我並沒有寫書的抱負，可能因為在我年輕的時候，「書」指的就是「小說」，而我缺乏小說家不可或缺的那種想像力：創造角色、事件，甚至（在天才的案例裡）構築出整個世界。我熱愛他人的寫作，因此才踏進了編輯這一行，這可能表示，不管我擁有什麼樣的創作能量，都在我的例行工作裡找到了抒發管道，所以花了很多年才累積起可察覺的內在壓力。

但壓力確實在醞釀，最初以小小的爆發形式出現，就像在火山地帶到處湧出的細小熱泉：九則短篇故事，都不在計畫之中。有時會有一種癢癢的愉悅感，頭一個句子憑空冒出來，然後「嗶」一聲，整個故事就隨之浮現。其中一則贏得《觀察家報》的短篇故事競賽，帶來令人陶醉的亢奮感，顯示我以正確的方式鋪排了文字，但也並未因此催生出更多故事，第十則短篇寫了兩頁之後就無疾而終。接著是將近一年之久的歇筆。然後，有天在很少打開的抽屜裡找東西時，湊巧看到那兩頁稿子，讀了一下。我心想，到頭來也許可以發展出什麼東西，所以隔天我在打字機裡放進紙張，這一次，故事不是嗶地浮現，而是呼咻湧出來！我的第一本書《而不是一封信》就此展開。這些故事原本僅僅暗示了我腦袋裡無意識的那部分所累積起來的東西，而累積的目的（我原先不知道自己有這個需求），是為了療癒。

二十年前我心碎過，之後，我逐漸學會接受（或自以為接受）自己身為女人是失敗的，好讓生活過得尚稱自在。這本書記述了那起事件，我盡可能追求精確，最後從中痊癒。這是一份意想不到的經驗。實際的寫作過程也很令人驚奇，因為雖然我整天渴望離開辦公室並坐下來好好寫作，但我從來都不知道（千真萬確）我下一段會寫出什麼內容。我會迅速閱讀前一天寫下的最後兩或三頁，接著就立刻寫下去；不過，儘管缺乏寫作方法，但最終完成的作品看起來卻有仔細的架構。（我當時突然想到一事，而我確定是真的，便是那類寫作有很大一部分是在睡夢中進行。）最後的結果也令人驚奇——書一寫完，那份失敗感就永遠消失不見了，我這輩子從來沒這麼快樂過。我也確定寫作就是我最喜歡做的事，希冀能有更多寫作靈感。

確實有更多寫作靈感湧現，兩次來自帶來創傷的事件——一次是我試圖協助的男人自殺了，另一次是一位年輕女子遭到殺害。我直接埋頭「將它們寫出來」，因為對我來說，要祛除心中的苦惱，這個方式自然又必然。在這兩個例子裡，事件本身都有「故事性」，所以比起書寫《而不是一封信》，寫下它們的過程少了許多神祕成分。以「津津有味」來形容寫下這兩起事件的感受，似乎不對，但可說令人沉浸其中——當時確實占據了我所有的心神。兩本書當然都讓我對痛苦的事「釋懷」。寫完之後，我就將它們束之高閣，要不是因為朋友敦促我出版，這些稿子會一直留在原處（第二本在抽屜裡放了十六年）。

兩本書發揮了各自的作用之後，對我來說，便不再具有太多意義。當然，如果大家對它們有好評，我自然會非常高興，我在一九六〇年代寫的那本小說也是如此。那是因為出版公司嘮叨不停，我才寫的。（如果有人頗具說服力地稱讚你文筆不錯，你總會忍不住高興——就好像替自尊心打了一劑關鍵的維他命。）那些年，只要有人能寫出非虛構類的好作品，就會時時被纏著問：「好了，那你什麼時候要給我們你的小說？」（當我身為出版人時不會這麼做，因為我不覺得有什麼意義。反正總有一大票人不論天崩地裂都會想盡辦法將他們的小說塞到我們手上。）我最終屈服了，是明知不可為而為之。雖然最後我以這部作品為榮，因為成品是一本滿不錯的小書，而且回想起當初創作的某些部分，還是樂趣橫生，但整體而言，寫起來艱難極了，我發誓**不會有下一次**。

這本書證明的是，任何會寫作的人在緊要關頭都可以勉強擠出一本小說，而我很有自知之明，深知自己並非當小說家的料。我覺得這本書跟我有點疏離，因為我當初並非真心想要寫它。另外兩本——我之所以不像《而不是一封信》那樣有興趣追蹤它們的發展，也許只是因為，我將大家通常視為私事的內容公諸於世，因而微微感到尷尬，加上還有個私人的原因。我過去相信，至今也依然相信，除非試圖重現真正發生過的事實，否則描述經驗是沒有意義的，而這份信念，確實抵觸了我所受教養的中心教誨：**不要把自己看得太重**。

雖然我一心想繼續寫，但我發現除非內心有什麼主動要出來，否則不可能做到。我可以用普通的方法輕易填滿紙張，比方說，信件、文案、書評等，可是如果我想說個故事、探討某項主題，只因為那是我理智上想做的，而不是內在有一股壓力要我去做，最後寫出來的東西就會缺乏生氣。只要堅持不懈，我可以持續埋頭寫下去，最後把自己無聊到瘋掉。

很難解釋，可能因為我從來就沒辦法強迫自己去剖析它，但似乎跟找到某種節奏有關——或許，就是要進入那種節奏所存在的層次才行。沒有那種節奏時，我的句子就沒有生命力。我總是可以分辨自己掌握到節奏沒有，不要問我怎麼知道，有了那種節奏時，句子就像彷彿有了生命似地流動起來。真正的作家肯定更有紀律，他們必須能讓自己持續不輟，在召喚那種神祕的節奏上，無疑更信手拈來。我自己則仰賴特定種類的刺激，就我看來，在在證明了我是個業餘寫手——不過，這不是要收回「寫作是我最喜歡做的事」這份聲明。

總之，等我七十五歲從工作崗位上退休時，我已經很長一段時間不會寫作，因為許久都沒發生需要治療的事情。這狀況令我感到遺憾，因為我確實深深喜愛寫作本身，但在我的心中，寫作已經跟治療的需求牢牢相扣，我無法想像自己為了其他理由而書寫。大家開始對我說：「你在出版界五十年，都跟有趣的人共事——你應該寫下來，你知道的，真的應該！」然後無聊感就會籠罩我，而我在那團雲霧裡出聲回答：「可我不是那樣寫作的。」至少在我退休的頭兩年，確實如此。

然後我開始發現自己會想起過去的事件，或過去的一些面向，回憶帶來了某種樂趣，足以讓我的心思在上頭流連，所以我偶爾會快筆寫個幾頁，記下浮現心頭的種種。大半都跟我們公司草創時期有關，因為在幾乎零資金、零經驗的狀況下創立公司，真的有趣極了。（我說「零經驗」，指的是我自己。安德烈．多伊奇是這場冒險的策動者，雖然只有大約一年的出版經驗，但他從那年汲取的養分，多過許多人一生所學。）回顧當時，我才能看出那段時間是多麼非比尋常又迷人有趣，而我能參與其中是多麼幸運。當我的回憶一路來到我們搬進了大羅素街的辦公室、可以充滿自信地自詡為真正的出版人時，就後繼無力了。確實，想到接下來還有三十年要回顧，無聊的雲霧再次罩頂，因為我要怎麼一點一滴地硬寫出那三十年，而不會讓其他人以及我自己讀到睡著？於是我便把寫出來的東西推到一旁、忘個精光，直到下一段零星或別有興味的回憶浮出水面。

在寫作過程中，有兩個「小篇幅」變得很扎實，是關於兩位人物的描寫，一篇是寫奈波爾，另一篇是珍．瑞絲。我寫得津津有味，因為我很高興地發現，即使內容與我個人的情感歷程絕對毫無關係，我也可以如此投入。當然，寫作過程確實牽涉到感受，但並非深層——不是需要「療癒」的東西！單純是因為我對該主題感興趣而享受寫作，這是嶄新的體驗。而讓整個東西轉往出書方向的，就是寫珍．瑞絲的那篇。

珍．瑞絲是那種要不是大大惹惱讀者，就是讓讀者為之入迷的作家。她實際的寫作、她運用文字的方式美妙極了，這點無人質疑，但有些人受不了她筆下徹底無能的女主角「們」，或者用單數的「女主角」就好，因為「珍．瑞絲筆下的女人」總是一模一樣。另外有些讀者則覺得這個女人扣人心弦，猜測她其實就是珍．瑞絲本人。有些人知道我在珍・瑞絲人生最後的十五年跟她相當熟稔，總想向我探問她的事。我的對街鄰居珊卓拉・賓利（一位幾乎跟珍一樣優秀的作家，但個性跟她迥然不同，簡直分屬不同物種）有個朋友盧克麗夏・史都華是珍的書迷，盧克麗夏請珊卓拉幫忙安排我們會面，於是我們三人便共進午餐。席間我提到，我近來寫了關於珍的文章，篇幅滿長的，盧克麗夏建議我寄給《格蘭塔》（*Granta*）編輯伊恩・賈克，她在這家文學雜誌有些人脈。

我當然知道《格蘭塔》，可是我忘了伊恩已從美國的比爾・布弗德那裡接任這份雜誌的編輯。在布弗德主事期間，我雖欣賞這份雜誌，但總覺得它有點令人卻步，那裡是比方說馬丁・艾米斯（Martin Amis）這類作家的自然棲地，他們的世界感覺與我的迥然不同，我只要稍一翻閱，就覺得自己相形之下像個「老古板」。伊恩比較不那麼讓人警戒。我並不覺得他也「很古板」，但我想他對寫作的看法比布弗德更寬廣。我向來喜歡伊恩自己的寫作，也知道他欣賞《而不是一封信》。假使我交了什麼給伊恩，而他拒絕了，我會覺得他這麼做自有理由，而非只因為覺得我是個無聊煩人的老太婆：我會失望，但不會受傷。為了這個相當懦弱的理由，我決定聽從盧克麗夏的忠告。

伊恩確實退了我的稿，並解釋說這篇文章不合雜誌路線，我原本就認為這不會是痛苦的一刻，我想得沒錯，反倒覺得相當有趣。因為他補充說，如果這篇文章可以成為書的一部分，那麼他會想讀這本書。我這才想起另一件我忘了的事，《格蘭塔》這本雜誌隸屬某個機構，旗下也有書籍出版事業。所以現在有個出版人，對於把我在出版界的人生寫成一本書實際表達出興趣，假設我持續玩味的那些片段可以發展成書的形式……它們突然在我眼裡有了不同的樣貌，成了值得從抽屜裡撈出來的素材，值得以認真態度看待。

做了這件事之後，我詫異地看出要把這些素材轉換成一本由兩部分組成的書，並不用再花太多工夫，第一部的重點在於我們公司的創業歷程，第二部講的則是我們出版過的一些作家。沒必要把公司成立至今的那些年全部寫出來，況且重點其實在於編輯，而不是出版公司，因為我一直以來的角色主要是編輯。書的篇幅會滿短的，但那不要緊，因為就我來說，寧可簡短也不要冗長。結果組織、潤飾、補足的過程（關於應該怎麼收尾，我遵循了伊恩的極佳建議）令人如此享受，完成的時候我還覺得難過——或者該說，我原本會覺得難過，要不是最後一分鐘靈光乍現，想到了書名而興高采烈。如果書名不是自然浮現，有時確實很令人頭痛——想想過去我跟作者往往花很多個鐘頭，一一討論建議的書名清單，心情越來越陰鬱的時刻！所以這一次，不費吹灰之力就想到了貼切的字眼，真是令人暢快：《不刪》（*Stet*）[20]，這就對了，萬歲！讓我開心的不只如此，還包括雖然已經八十高齡，但我完成了整本書。

不只如此，遠遠不只。甚至可以說是整個經驗裡最棒的一環，那就是寫完一本書，立刻被你尊敬的出版人接受，然後得到好評——這種事

出這份出版素材也許能娛樂書業人士，可是他們只是閱讀大眾裡的一小撮，所以如果我是出版公司，有人向我提出《不刪》的書稿，我願意冒這個風險嗎？可能不願意。而《昨日早晨》呢？全是好久以前的事，多麼過時！那兩本書如果出版社或大眾都不買單，我也不會覺得詫異。

所以當出版社跟讀者都欣然接受，真的很不可思議。感覺是個出乎意料的大禮。

那就是身為年長者的頭一個收穫。第二個收穫是，在最深的層次裡，一切都無所謂，所以全都可以輕鬆以待。當你年輕時，你有很大一部分都建立在別人對你的看法上，而這往往會一直持續到中年。這點在性愛領域最為明顯。我記得我有個學校朋友，一名身材豐滿、長相普通的女生，個性好相處但無趣，畢業約一年後我在車站月台上與她巧遇，結果一時沒認出她來，因為她變得很美。原來，我們兩個都認識的一名帥氣男生愛上了她，向她求婚。他眼裡的她很可愛，而她在幸福之中也可愛起來，從此她便一直是個有自信、有魅力的女性。這樣的轉變有時會發生，跟自尊的諸多層面是連動的，結果要不是良性，就是帶有破壞性，我成年人生的早期有好幾年，自信常被這項事實削弱。可是當你老了，你便超越了那些事情，除非你運氣很差。在四十多歲時被視為一名寫作出書的人，這件事改變了我（是往好的方向改變，但也可能往反方向走，變得更糟）。在我八十多歲時，不可能發生這種事，因為沒有任何事件關鍵到能夠影響我的自尊，這點奇特地讓人感到自由。我想那代表著某種失去，像是不可能再有令人亢奮的可能性；但也以單純的方式讓人享受種種體驗——純粹的樂趣。我人生中沒有其他時候像在《不刪》的出版期間如此自在，自得其樂，持續這麼久。《昨日早晨》出版時，要不是為了貝瑞開刀而操心，原本也會很有樂趣。

第三個收穫跟第二個有關：我不再為害羞所苦。過去，我的工作偶爾必須向觀眾發表談話，我總是很害怕會中斷，所以事先將講稿全部打出來，然後照著稿唸。我曾經必須到黑池談烹飪書籍，地點是一家寬闊而光彩奪目的飯店，裡面滿是高大而衣著閃亮的女士——她們是餐具製造商的夫人，與丈夫一同出席年會。我的演說地點是其中一間較小、較陰暗的「多功能廳」，那裡瀰漫著濃濃但也還算應景的肉汁味，結果沒有人現身。我大大鬆了口氣，但也古怪地混雜了慚愧，所以無法完全享受如釋重負的感覺，尤其在我悄悄走回房間之後，卻發現當初打包時忘記帶上一本書在床上讀。

對我來說，面對觀眾一直以來都是某種磨難，當格蘭塔出版社安排我在一場文學節上初次露面時，我覺得頗為緊張。我原本不瞭解自己有多幸運，因為當時那場正是海伊文學藝術節，是這類盛事中最溫暖也最好客的其中之一。我無法事先寫講稿，因為我參加的是三人對談，三人都寫過回憶錄，對談主旨是要討論書寫這種作品的起因，而這點讓我更是緊張。不過其中一位對談人是安卓雅．艾胥沃（Andrea Ashworth），她的作品《曾在失火的房子裡》當初讓我佩服到以粉絲身分寫了封信給她，她也湊巧為了《不刪》而寫了封粉絲信給我，這個帶有喜感又令人滿足的巧合使得我們在下榻飯店的那場會面相當歡快。我一見到這位炫目的年輕女子就被她擁抱，在既有趣又親密的談話中，我們一起踉踉蹌蹌地走進我們的活動帳篷，整份體驗的本質隨之改變，以至於當我往外望向滿室的觀眾時，我一點也不意外地看到他們全都一臉燦笑，表情流露對美好時光的期待，而我發現自己也真心渴望跟他們交流。那天晚上，我這個深櫃的表演狂被釋放出來了：我竟然可以逗他們哈哈笑！我喜歡逗他們笑！我得費力克制自己，免得超過各自分配到的發表時間。

從那時起，我一直都很享受站在聽眾面前，而上BBC的老牌節目《荒島唱片》[21]（對於親友和許多陌生人而言，這比起任何好書佳評留給他

21《荒島唱片》（*Desert Island Discs*），BBC著名的廣播節目，邀請來賓假想自己被困在荒島，選擇八張唱片、一本書和一樣奢侈品，藉此聊出生平故事與價值觀。編注

們的印象深得多）簡直歡樂無邊，也令人五體投地，因為跟主持人蘇．勞利大談八卦感覺如此自然和即興，我原本以為等節目實際播出時，會有大量的刪節和更改，但我震驚地發現，一個音節都沒更動：她真是專業極了，營造出如此輕鬆的氛圍，卻也同時能夠精確掌握時機。

對於經常必須親自出馬推廣新書的作家來說，這種宣傳過程是乏味的差事，此事不難理解，但對我來說，推廣活動半是獎賞、半是玩笑，而且完全在意料之外。我最後發現，推廣新書成了整份體驗中相當令人愜意的部分，也讓我的生活細想起來宜人許多。我長期將自己的人生視為敗筆，可是現在，當我回顧過去——誰能相信，完全不是那麼回事！

第十四章

就我看來，任何回顧八十九年人生的人，看到的應該會是斑斑懊悔的景致。說到底，人很清楚自己的不足和偷懶、疏忽、缺漏、達不到自己理想的無數層面，更不要說由其他人和更好的人所訂下的標準。所有這些必定（實際上也確實）衍生出大量令人懊悔的事件，卻從我的視線中消失不見。懊悔？我對自己說。什麼懊悔？懊悔之所以隱而不見，部分原因可能是因為常識壓倒了想像力：懊悔是無用的，所以忘掉它們吧。可是它確實暗示了，如果我一直福星高照到超乎預期，最後會變得沾沾自喜。這個想法很不討喜，我想我應該深究一下。

之於懊悔的缺席，最讓我意外的是「沒有後代」這一點，因為我知道曾有一段短暫的時間我滿心想要孩子，然後失去了。我原本以為這樣的失去會重重壓在女性的心頭上，但我不曾發生過這種情況。原因似乎是，儘管發生那起事件，我的母性少到出奇，我想這種缺陷是天生的。我人還是孩子時，我就不只是對人偶娃娃無動於衷而已，我蔑視它們。因為變得生第一個玩具是一隻白兔玩偶，最後從我的小床被悄悄拿走，因為變得好髒。後來我喜歡上一隻大象玩偶，但孩子造型的玩偶——我不曾喜歡過。我還記得十九歲時曾跟一個月大的嬰兒獨處幾分鐘，我傾身從上方細細端詳，想感覺被觸動，然後結論是這個不吸引人的小生物對我來說毫無意義——我寧可抱隻小狗。這個反應讓我擔心，但不是太擔心，因為我立刻跟自己說，等我有了自己的孩子，我會愛他的。運作方式顯然就是那樣，因為看看女性是如何無可避免地愛著自己的孩子——母性一定會跟著生產來到。我繼續用那種方式安慰自己，尤其在保羅開心地聊起我們以後會有的孩子時，這是他喜歡做的事：替孩子們挑選名字等等的。如果讓我選擇，這是我永遠不會玩的遊戲，雖然我當時佯裝有興趣。我二十幾歲跟三十幾歲時，從來不曾希望有孩子，對其他人的孩子頂多只有模糊的善意。其他女人對嬰兒產生嚮往時，我保持沉默，隱藏自己的感受；至於學步兒，我還不至於去怪他們怎麼這個樣子，但我確實覺得除了短暫相處之外，待在他們身邊很無趣。

儘管如此，要是真有了孩子，我會愛他，我這麼想可能沒錯。這一點在我四十三歲時鮮明起來，當時身體接管了我的腦袋，催促我懷孕生子。這種狀況以前發生過，當時我毫不遲疑地加以終止，後續也不覺得不開心，但這一回，深深埋藏在我內在的什麼甦醒過來，決定要說：「要是你現在不生孩子，就永遠都不會有了，所以我打算給你一個，不管你喜不喜歡。」只有在我理解到發生什麼事之後，我才想到，我對避孕措施那麼粗心大意，肯定在某個無意識的層次裡是蓄意如此，即便這樣，我還是認定自己很沮喪，理所當然該安排終止。但是當我發現自己藉口一個接一個，就是為了不去採取必要的終結步驟時，我領悟到的真相是：我根本不打算採取行動；在那一刻，我突然覺得好快樂。這種快樂徹底到驚人，以至於現在回想當時，我依然滿懷感激：要不是因為品嘗過這種滋味，我的人生會變得更貧乏，而從那份經驗萌生出來的任何孩子只會被愛。

但孩子並未萌生，或者說有，但早在懷胎四個月時就流產了。懷孕的那幾個月是我人生中最幸福的時光，那段期間我覺得自己健康無比。那次流產險些奪走我的性命。我及時被送進醫院。我知道自己與死亡擦身而過，因為雖然到了那時，意識已經縮小到擔架的範圍之內，我躺在上頭、泡在血泊中，卻依然可以聽到朝擔架俯身的人們的說話聲。他們只是派某人去拿更多血袋來繼續輸血，有個男人說：「打電話給他們，要他們叫他趕快用跑的，」然後對其他人說：「她很接近衰竭狀態。」我不只聽得見，也聽得懂。我甚至在想：「那是什麼該死的愚蠢委婉的說法，如果不是衰竭，我還會是什麼狀態？他指的是死亡。所以我不是應該試著想點合理的臨終念頭嗎？我勉強嘗試一下，但無能為力；我最多只能做到：『噢這個嘛，死了就死了。』」

那個必須趕快跑的人動作夠快，他們推我到手術室，進行刮宮術，下一個我有意識的時刻，是幾個人的手將我的身體從擔架移到床上。一時片刻我不確定這是在術後或術前，然後我因為麻醉劑而開始嘔吐，同時也意識到自己的腹部恢復平靜：我不再流血了。彷彿來自腹部底下的完滿喜悅如大浪湧了上來，掃遍我全身：我還活著！這種感受充滿了我，其他事情都無所謂。我不曾經歷過這麼強烈的感受。

它抹除了失去孩子的悲慟。當然我後來還是覺得難過，不過是一種強度減弱、沉悶的小小難過，和懷孕的幸福感不成比例。後來我只做過一個夢，是個強度減弱、沉悶的小小夢：我從地下列車走下來，突然間發生在人生任何階段都令人滿意，而在接下來兩年重複同樣的流程（就像《昨日早晨》）甚至更令人開懷。不過在年老的時候發生……我想，身為年長者，有三個原因讓整件事不只令人開懷，而是美妙極了。

第一個是因為事情在我的意料之外。如果有人在我七十出頭告訴我，我會再寫一本書，我會認為他們瘋了。為了自娛隨手寫點零星東西，也許可以。但絕不是一本書，因為根本沒有書等著被寫。人生已經遠遠過了有事件發生在我身上、促使我想寫作的階段，這樣怎麼可能寫成書？對於這點，我可能應該加個「感謝老天！」，因為熬過那些事情太痛苦了。然後，到頭來實際上只是因為樂於回憶過去在出版界的歲月，再來是我的童年，我竟然就能寫出份量十足的內容，接著自然就會萌生「這東西對我來說是有趣，但別人怎麼會有興趣？」的念頭。我可以看

20「不刪」（*Stet*）是拉丁文，意為「請照原樣保留」，在編輯與校對中用以指示排版者或編輯「不需依照之前的刪除或修改建議，保留原文字」。編注

車門滑動關起，我驚恐地意識到我把一個孩子留在列車上，焦慮地沿著月台奔跑——我要怎麼趕在列車之前抵達下一站，好將她找回來（在夢裡，那是個小女孩，雖然我總以為那孩子是個男孩）？那種感受是痛苦的焦慮而不是失去。之後，生活逐漸恢復了過往的狀態，但速度並不是很慢。

這個發展無疑是我人生中重要的事件（極度重要），卻以那種方式被削弱、幾乎被取消，感覺非常古怪。我想這整件事是化學作用：身體以這種方式回應逐漸逼近的更年期，亦即抽取更多我通常擁有很少的某樣東西，而在經過這場震撼之後又停止抽取，於是我重新回到正常狀態。我不認為，感受不到失去，就表示我會是個差勁的母親。如果沒有經歷這場震撼，孩子順利出生，我可能會跟我母親很像，是個稱職的母親——在孩子長到一定年紀以後，她對孩子的愛就勝過孩子的年幼時期（當初我母親有保母協助承受我們嬰兒時期的衝擊，所以就我們孩子看來沒什麼問題，可是對於沒保母隨行的年幼孫子，她從來無法掩飾她的些微不耐）。但是，不管我多努力嘗試，都無法因為失去證明這件事的機會而在意。現在，進入老年階段的我對嬰兒和幼童比以前更有興趣——會真的因為他們而開心，所以最近家裡有個嬰兒來到，給了我極大的樂趣，雖然我很高興除了帶著興味和欣賞之心觀察那孩子的進展，我什麼都不需要做。不過當我自問：「沒有自己的孩子或孫子，你真心不懊悔嗎？」我得到的答案是：「是，真的。」正是因為我不會也無力涉入與現在偶遇的嬰兒們因密切接觸而產生的牽絆，我才能自由地理解到他們的可愛和展望。

自私：我希望不是滲入所有的我的那種自私，而只是在內心某處盤據的一小塊頑強的自私，使我對那些必須付出全部自己的事物提高警覺——就如同一位母親必須對嬰兒和學步兒給出自己。這就是長久以來阻止我想要孩子，然後對流產失去孩子這麼容易釋懷的緣故。所以到頭來我確實至少有個重大的懊悔：不是我膝下無子，而是我內在核心的自私。讓這點清楚暴露出來的，是我並不懊悔沒有孩子這一點。現在我記起自己碰到幼童時如何一籌莫展（他們長大一點的時候，我總是很容易愛他們），使得我讓表親芭芭拉失望了，我住在她的房子裡，四十多年前她建立家庭的時候，我就把她當成我最好的朋友，如今依然。她有了三個孩子不久後就跟丈夫分道揚鑣，必須獨力扶養孩子，而為了維持生計，她得做一份要求很多的全職工作。那些年她怎麼熬過來的，我不知道，我想她回顧當年也會覺得很驚奇。可是當時我做了什麼來幫她？什麼都沒有。我閉上眼睛無視於她的問題，甚至很少跟她碰面，因為她消失在三個稚子的累人世界裡而覺得感傷——或者該說，累人的稚子世界，而從那以來，她說她從未想過要向我求助，她很清楚我對她幾個孩子態度冷淡。關於這點，我的感覺不只是懊悔，而是羞愧。

一個懊悔帶出了另一個，雖然，感謝老天，沒那麼丟臉。那就是我一直沒有勇氣逃離人生的狹隘。我有個姪女（一位我不打算具名的美麗女子，因為她不會喜歡），她有三個兒子，最小的那個不久就要追隨哥哥們的腳步去上大學。這位姪女在婚姻期間持續從事畫作修復師的工作，不久前，她在晚宴上跟一位外科醫師比鄰而坐，湊巧對他說，如果能重來一次，她會選擇在醫學學科受訓。醫生問她幾歲。四十九，她告訴醫生。唔，他說，如果她想要，還來得及接受助產師的訓練，他們接受培訓生的年齡上限是五十歲。她一回家就馬上報名了。我上次見到她時，她得意地報告說，她已經獨力負責了六次接生。她說，有些時刻她也覺得：「我到底在這裡幹嘛？」但她依然想像不出有什麼事比新生命開啟時親歷現場、提供協助，來得更令人亢奮。她說，最動人的是當新手父親哭出來（這六次生產期間，新手父親都在場）。發生這種狀況時，她就不得不離開房間，隱藏她自己也哭了的事實。她是個非常纖細拘謹的人，所以看到她談起置身於生產現場時臉龐一亮的模樣，讓我心生羨慕。有這樣的勇氣和進取心突然走出熟悉且非常舒適的生活，踏入截然不同的領域——她顯然獲得了價值難以估計的什麼。我從未做過任何類似的事。

倒也不是說，我不會對自己只有一個人生可用而感到不耐。透過大量閱讀，我享受了進入別種人生的樂趣，也為了同樣理由投入好幾段韻事（我記得有一次將性關係比喻成搭乘透明底部的船出遊）。但是要將這樣隨性的奇想化為行動，需要勇氣和精力，而那正是我缺乏的。即使我有能力召喚出這樣的特質，我也確定我永遠不會踏進像助產師這樣實用的領域，而是會想到我或許可以前往的地方，還有我可能學會的語言，比方說：我常常想到自己多麼渴望能說現代希臘語，這樣我就可以在那裡工作生活，深入認識那個國家，可是我連一堂晚間課程都沒去上。去牛津上大學時，我偷懶地選擇攻讀英國文學，我知道無論怎樣我都會為了樂趣而念，而不是著手學習一個科學主題來拓寬自己的視野，像是生物學。而且我從來不曾認真使用雙手（除了我相當擅長的刺繡）。想想如果打造一個書櫃，會多麼實用，搞不好也會很有樂趣！對這點我真的感到懊悔。

所以終究有兩個主要的懊悔：我內心的冷淡核心，以及懶惰（我想在我的缺乏進取心裡，懶惰所扮演的角色大過於懦弱，雖然也有懦弱的成分在）。確實有這兩個懊悔沒錯，但我不能說我因此受到折磨，甚至也不能說我常常想起它們。我打算在講完這兩個之後打住，因為挖出更糟的什麼會很乏味。對年紀很大的人來說，我不確定挖掘過往的愧疚是個有益的活動，因為也沒辦法對它們多做什麼。我已經走到了一個階段：專注力都放在如何度過當下，希望這點可以得到他人的體諒。

第十五章

成功度過當下，有不少仰賴的是運氣，而不是個人的努力。如果財務吃緊、健康不佳、心思不曾接受過有趣的教育或被引人入勝的工作所砥礪、童年因殘酷或笨拙的父母而扭曲，因為性生活而陷入災難連連的關係……以上的劣勢如果有其中一項，或幾項，或全部，或是再加上其他我不忍想像的，那麼不管像我這樣運氣較好的人對老年有什麼看法，都可能毫無意義，甚至會冒犯他人。我只能為幸運的人發言，也只能對幸運的人說話。可是，這樣的人比一開始假設的多，人因為命運而受益或受苦，不只來自自身之外的原因。當然很多是由其他人加諸或賜予的，或是病毒、氣候、戰爭或經濟蕭條；但有很大成分內建於個人的基因裡，而最好運的莫過於擁有內建的韌性。

我正要開始思索這件事時，碰巧在《衛報》讀到了一篇訪談，是艾倫・洛斯布里傑採訪一〇三歲的鋼琴家艾莉絲・赫茲桑默（Alice Herz-Sommer），她示範了這種特質的重要性。

她出生於布拉格的猶太家庭，但家中並非虔誠教徒，父母與馬勒和卡夫卡都有交情。她長成了優秀的鋼琴家，向李斯特的一位學徒學習琴藝，並嫁給另一位才華洋溢的音樂家。希特勒在一九三九年入侵捷克斯洛伐克時，她正過著快樂忙碌、創造力充沛的生活，這個生活當然立刻就被摧毀。她跟著丈夫和兒子一起被送到特雷津（Theresienstadt）「樣版」集中營，那裡的人存活率比其他營地的人高，因為納粹用那裡向紅十字的視察員證明他們的「人道」，雖然不少人確實在那裡喪命，而另外有好幾千人，包括艾莉絲的丈夫，被送到其他營區，最終喪命。她跟兒子在戰後回到家，發現那裡再也不是家了——她丈夫所有的家人、她的大多數家人，以及她所有的朋友全都失蹤了。她搬到以色列，在那裡將兒子撫養長大，她兒子成為大提琴家。在兒子的鼓吹之下，她在二十年前來到英國。二〇〇一年，她不得不承受兒子在六十五歲猝死的打擊。她現在獨自住在北倫敦的一間套房裡，照理說，一般會預期她將成為陰鬱、孤苦的老婦人。

反之，那篇訪談的配圖是艾莉絲的三張照片：一九三一年，神采飛揚的新娘；戰前，神采飛揚的年輕母親；而現在，是高齡一百零三歲、神采飛揚的老婦。她歡喜的表情幾乎沒有變過。至於口述的部分，她回想他們被帶到集中營的那天，唯一一位態度和善的人是個納粹鄰居；在以色列時，自由讓她有多興奮；她有多麼喜愛英國和英國人。對她來說，更重要的是，她每天依然喜歡彈上三小時的鋼琴（「工作是最棒的發明……做事會讓你快樂。」就跟奧裔畫家瑪麗－路易絲・莫特西斯基一樣驚人，她展現了生來即有創造力有多麼幸運。）而且生活之美也始終令她著迷。給她啟發的不是宗教信仰。「從這個開始：我們出生時半善半惡——每個人，每個人。在一些狀況裡，善會出現；在一些狀況裡，惡會出現。這就是人們會發明宗教信仰的原因，我相信是這樣。」所以她尊重投注在宗教信仰上的盼望，雖然她不覺得自己需要宗教信仰的支撐。她天生就是樂天派，這個超凡的好運帶著她一路往前，儘管承受了種種，她依然可以說：「人生是美的，美極了。當你老的時候，你更能欣賞它。更老的時候，你會思考、你會回想、你會在乎、你會欣賞。你會對一切懷抱感謝，對一切。」她也說：「我知道惡的模樣，但我只會尋找善。」

雖然其他人一定會為她的勇氣肅然起敬，但我懷疑艾莉絲．赫茲桑默自己是否會聲稱這種正面態度是一種美德。她將這點拿來跟姊妹的天生悲觀比較——「天生」是關鍵字。她們被賦予性格，如同人被賦予髮色一樣。不過，一個人在活躍的年紀，對邪惡擁有痛苦的敏感度可能是有用途的，有時候能為對抗人類「惡的那一半」必要的抗爭提供能量，儘管抗爭可能永無止盡。但是人到了老年時，主要關注的一定是如何讓自己以最少的不適和最不麻煩別人的方式度過時光，對邪惡擁有痛苦的敏感度只會是負擔。遺憾的是，像艾莉絲這類的範例，明明示範了「活躍的頭腦和正面的觀點正是老年所需」，卻不可能像「訓誨」一樣實用，因為可以運用這些特質的人，早就這麼做了，而那些辦不到的，就是辦不到。但也許，我們有些介於兩個極端之間的人，可以受到她的啟發，努力做出比原本更好的表現。

第十六章

人不必然要用一聲嗚咽替一本關於老年的書收尾，但也不可能用轟天一響來結束。沒有訓誨要學，沒有事情可供發現，沒有解答要提供。我發現自己什麼都沒有，只剩一些隨機的念頭。其中之一就是從這個高度看回顧過去，會發現雖然以宏觀的角度來看，人類的一生短暫到不及眼皮的一眨，但在自己的框架裡，卻寬闊到不可思議，可以容納許多對立面。一生可以同時囊括安寧和動盪、心碎和幸福、冰冷和溫暖、攫取和給予——以及更多具體的對立面，像是神經質地深信自己一敗塗地，同時又對成功懷有近乎自鳴得意的意識。當然，厄運可以讓這些擺盪從更好的一端一路滑到糟糕的那端，然後就留在原地，使某個人的幸福安全因此毀於一旦；但大多數人生都是起起伏伏，而非決定性地投入一個極端，不管幸或不幸。有不少人似乎最後停留在距離起步並不遠的地方，彷彿那起點提供了一個準則，永遠可供歸返。艾莉絲人生擺盪的弧度比大多數人都更劇烈極端，但我依然覺得她可能也遵循了這樣的路徑。我之所以這麼想，是因為我看過其他人的人生走過這樣的模式，而我知道自己的亦是如此。

不久前，有朋友對我說，我應該要當心，不要讓人覺得自滿。「因為，」他好心補充，「你並沒有。」我相信他錯了，因為我確實就是自滿。因為我在起步時是自滿的（甚至自鳴得意），我的童年過得幸福快樂，被家族信念暖暖包圍：我們是最棒的那種人——可能只差不是聖人。這種信念在英國上層中產階級裡相當普遍，甚至往往伴隨著對身為英國人的自豪，我記得這種自豪感是早年初次接觸世界地圖時所萌生的。那些粉紅的部分都是我們的！我覺得自己幸好不是生為，比方說，法國人，他們只有可憐的幾小塊藕紫色。

這個群體自鳴得意，當然不代表他們就有撒野的權利。像這類的群體，我們也有一套規定必須遵守，才能在頂尖之人當中掙得一席之地。除了所有關於語言和服裝的愚蠢小規矩，有三條原則更加深入人心：就是不要當個懦夫、不要說謊、最重要的是不要虛榮跟自誇。我說「最重要的」，因為那就是桀驁不馴的童稚時期最常踩紅線、吃苦頭的地方：海灘上不是只有你一顆卵石[22]這句話簡直就像刻在育嬰室門楣上，我知道好幾個人，其中不乏跟我親近的友人，他們依然深切感覺到這句話的影響力，要他們原諒（如果真的辦得到）一本書以第一人稱記述某人的人生，真的很難。

22 意思是，你不是唯一重要的人。譯注

我很早就看出我們族群的自鳴得意很荒謬，可以說自此不會故態復萌，但從中萌生的氣氛又是另一回事：它建立在謬論上——邪惡的謬論，但相當持久，會讓人很有自信。我被剝奪了那種氣氛（主要是因為受到排擠，而比較不是因為早早看穿階級自負和帝國主義，雖然後者肯定修正了不少這種氣氛），而這樣的剝奪、自信心的擊垮——不管原因是什麼，都讓人覺得相當心寒。不過，現在以其他方式對自己感到滿意，我早年熟知的那種舒適溫暖便跟著回來了。如果這是自鳴得意（我忍不住覺得確實是），那麼我必須說，我透過經驗得知，雖然看了令人反感，但是處於這個狀態，遠比處於它的對立面舒適得多。而人確實需要舒適，因為無法否認，人到了耄耋之年，就是一場下坡的旅程。你從好的一面起步，或從至少沒你預期的那麼不愉快之處起步，而且如果你過去和現在都無比好運，你自然就會善加利用，但「在我背後，我總是聽見／時間的馬車展翅飛來」，這番話可說令人警醒。首先，它時時提醒著你，有遠比自我更有份量的事。

比方說，我們長者之間有個相當普遍的想法：「唔，感謝老天，我自己不會經歷到，不必親眼目睹**那個**。」儘管你盡量不去煩惱全球暖化，但**全球暖化就是**在，也不會因為我不願多加關注就消失不見，或因為沒有子嗣，就不必擔心他們對全球暖化的體驗……當我試著從那句話求得慰藉時，他人的孩子就會浮現在我腦海裡。我想，知道自己不必去親身承受，是能稍微鬆一口氣沒錯，卻缺少一般隨著如釋重負而來的樂趣。

人生的廣闊，以及人生內部的多元，起初看來令人折服——過一陣子之後，即使以不比人類存在還大的東西作為比例尺，你只會想到它的對立面：人生的渺小。以那種眼光來看個人的無足輕重，令人暈眩，所以我一面思考，一面不停打著「我這個」、「我那個」，到底在幹嘛呢？我，以及那些親愛的反對我的人，都會問這個問題——雖然我不得不承認，我想當然期待自己能夠找到正當理由。

因為說到底，雖然每個個體，每個「自我」都非常微小；人生必須透過他／她／牠來表達，並且對世界留下某種貢獻。多數人類透過其他人類的肉身留下基因，將他們製作的東西留給他人，將他們完成的事情留給他人：他們教導他人或受到折磨、建造或受到轟炸、挖出一座花園或砍倒樹木，如此一來我們的整個環境、城市、農田、沙漠（全都是！）都是由我們之前那些無數自我的種種貢獻構築起來的，不管那些貢獻有用或有害，然後我們再添上自己的微小沙粒。要認定我們的存在毫無意義，就像無神論者在宗教虔誠者的眼裡那樣，這種想法才是荒誕不經；反之，我們應該記得，只要存在，就會做出近乎隱形但貨真價實的貢獻，不管發揮了用途或造成了破壞，那就是為什麼我們必須好好自為之。所以個人生活有趣到值得好好檢視，而我自己的生活是我唯一真正熟知的（珍．瑞絲面對同樣的憂慮時，以前總是這麼說），如果要受到檢視，就應該在檢視者無可避免的限制中，盡可能誠實地檢視。以別種方式來做這件事毫無意義——讀起來也會非常無趣，就像許多名人的傳記那樣。

死去的不是人生的價值，而是那個已耗竭（或毀損）的自我容器，以及個人對自己的意識：與其他每個人一樣，都會墜入虛空。那對旁觀者來說很令人不安，因為除非死者是在無意識的時候漸漸離去，不然臨終的人通常依然活生生的，是完全的她或他——我記得當時坐在母親身邊時就這麼想：「可是她不可能就要死去，因為她還完整地在這裡。」（那些神奇的話語最後成了她的臨終遺言：「美妙極了。」並不是刻意為之，只是她正在跟我說的事情的一部分。）存在和不在之間的落差如此突兀、如此遼闊，雖說是現在、過去和未來都會發生在每個生命身上，還是令人震驚。（死亡是人生中再平凡不過的事情，當亨利・詹姆斯將死亡稱為「卓越不凡」〔distinguished〕的時候到底在想什麼，我無法想像——畢竟那個可憐的老人說這番話時，只剩最後一口氣，所以我不該吹毛求疵。）

我喜歡「遺言」這個想法，肯定因為可以稍稍舒緩死亡的震撼。有鑑於死亡這個行為的物理本質，人們不得不推想，簡潔有力的遺言大多不足為信，但我們還是喜歡想像自己以令人難忘的方式登出人間。我有時會懊悔自己並不信神，原因在於我照理應該無法引用「主會饒恕我，那是祂的工作」(Dieu me pardonnerai, c'est son metier)，這番話總是會逗我笑，除此之外，還滿通情達理的。所以，我想說的會是：「不要緊，不知道也別介意。」雖然可能很愚蠢，但我不得不坦誠，我依然希望，我必須說這句話的時機不會很快到來。

附言

那棵樹蕨：現在已經有九片蕨葉，每根長度約莫三十公分，在幾天之內，每根捲起的蕨葉都完全舒展開來，在「樹幹」那一圈毛茸的頂端裡，出現了小小的綠色核心（所有的葉片都從當中萌生而出，你必須往裡頭倒水）。這個小小核心就是新葉的開端，起初生長速度非常緩慢，但到了末尾越來越快——快到你幾乎可以看到它的動態。我想得沒錯，我沒機會看到它長成一棵樹，但我低估了看到小蕨的樂趣。當初買得很值得。

問題是，我大概會活很久

百歲傳奇女總編暢談活著不道歉，走時盡興如願

Somewhere Towards the End: A Memoir

作　　者　黛安娜・阿西爾（Diana Athill）
譯　　者　謝靜雯
責任編輯　賴逸娟
行銷企畫　洪靖宜
總 編 輯　賴淑玲
設　　計　朱　疋
排　　版　黃暐鵬

出 版 者　大家出版／遠足文化事業股份有限公司
發　　行　遠足文化事業股份有限公司（讀書共和國集團）
地　　址　231新北市新店區民權路108-2號9樓
電　　話　（02）2218-1417
傳　　真　（02）8667-1851
劃撥帳號　9504465　戶名・遠足文化事業股份有限公司
法律顧問　華洋法律事務所　蘇文生律師
定　　價　350元
初版1刷　2025年8月

I S B N　978-626-7561-57-7（平裝）
978-626-7561-58-4（EPub）
978-626-7561-59-1（PDF）

問題是，我大概會活很久：
百歲傳奇女總編暢談活著不道歉，走時盡興如願／
黛安娜・阿西爾（Diana Athill）作：謝靜雯譯.
－初版.－新北市：大家出版，
遠足文化事業股份有限公司，2025.08
　面；　公分
譯自：Somewhere Towards the End: A Memoir
ISBN 978-626-7561-57-7(（平裝）
1.CST: 阿西爾 (Athill, Diana)　2.CST: 回憶錄
3.CST: 英國
784.18　　　　114009644